介護事業所経営者の経営ハンドブック

田邉康志 著
ヴァンガードマネージメントオフィス　代表

日本地域社会研究所
コミュニティ・ブックス

目次

はじめに

介護事業所の経営は、いろいろなことを知っていないと経営が成り立ちません。他の様々な業種の経営者に比べ、知っていないと経営できない、損してしまう要素が満載です。介護保険法に精通していることはもとより、税務・会計や労働法などの労務管理、社会保険・労働保険、処遇改善加算の処理なども介護事業所の経営には必要な知識です。特に、デイサービスや訪問介護など、比較的小規模でやっている経営者は、経営者自身が現場に入ることも多く、そうした状況で経営に必要な情報を入手し、それを日々の経営に生かしていくことは、困難です。一方で、これら情報を得たとしても、介護事業所の経営に必要な情報という切り口から介護事業所の経営に必要な情報を取り出すとなると、至難の業です。加えて、助成金や補助金を上手に活用するとなると、もはや経営者だけでは手に負えないことでしょう。

税理士や社会保険労務士で介護に特化した形の専門家は少ないながらもいます。しかし、これらの士業の専門家は、税理士であれば経理や税務に特化した専門家であって、社会保険や労働保険、助成金のことは門外漢です。また、介護特化を売りにした社会保険労務士であっても、社会保険や労働保険、助成金に精通はしていても、税務や会計は門外漢です。また、処遇改善加算の実務上の処理については、これらの専門家は処遇改善加算の独特の処理までは精通していなかったりします。加えて、介護事業所の経営は3年に1回改正のある介護保険法の改正のゆくえに振り回されてしまいます。そうした改正の情報をいち早く把握し、介護の改定を踏まえた経営をしたいと思っても相談できる相手がいないわけです。

介護事業所の経営基盤をより安定させるためにも、こうした介護経営に必要な情報を一つの窓口にまとめ、聞けばすべてわかるようなワンストップサービスが不可欠です。本書は、これまで私が介護事業所に対して行なってきたそうしたワンストップサービスの情報を一冊の本にまとめたものです。

また、これから新しく介護事業所をやろうとする経営者がどうやって介護事業所を運営していったらいいのか、本書を通じて情報を整理するのにも役立つように書きました。

経理や労務管理、社会保険・労働保険、処遇改善加算の処理など、どのように考えて介護経営を考えていけばいいのかという部分をわかりやすい言葉で簡潔にまとめました。「わかりやすく」という点に重きを置いたため、細かい論点や難しい部分の解説はなるべく省きました。また、なるべく専門用語は避けるように記載しました。したがいまして、介護経営の初心者でもわかるような体裁になっています。

また、本書は頭から読む必要はありません。分野ごとに必要な情報を得られるように、どこから読んでもいいように書きました。必要な情報を必要な部分だけを読んでいっていただいて結構です。

本書が介護事業所の経営者の「ハンドブック」としてお役にたてば幸いです。

田邉康志

第1章

介護事業所を始めるためにはどうしたらいいのか？

①法人の設立

介護事業所を始める場合には、個人事業ではできません。介護事業所を始める場合、そもそも法人を設立していないと都道府県や市区町村の認可が下りません。介護事業を始めようという人は、法人を設立することがまず最初にやるべきことなのです。

では、法人の設立手続きはどうしたらいいのでしょうか。まずはその概略から入りましょう。

会社組織はスタンダードなものとして、株式会社と合同会社があります。他の法人形態、介護事業所だと、たとえば社会福祉法人などの形態も多くみられます。また、合名会社や合資会社という法人形態もありますが、本書では通常、介護事業所を始める人を想定して、株式会社や合同会社という普通法人の形態の介護事業所の設立に絞って、手続きを解説します。

普通法人の設立は「定款の作成」→「法人設立登記」という流れがあります。定款とは、法人の基本的な仕組みを書いたものです。本店がどこにあるのか、だれが取締役（合同会社の場合「社員」）なのか、株主（合同会社の場合「出資者」）は誰なのか、決算は何月の決算なのか、といったことを記載していきます。その定款をつけて法務局に一定の手数料（収入印紙）を貼って法人設立の書類を提出します。合同会社であっても株式会社であってもこの基本的な流れは同じです。では、まずはその定款にどういった内容を記載したらいいのかという点から確認していきましょう。

②定款の「目的」に記載する事項

定款の「目的」（何をする会社なのかという点を書いたもの）には、許認可上、必要な文言が入っていないと許認可が受けられません。これは申請する都道府県や市町村によって異なります。事前に都道府県や市町村の担当課に確認するようにしましょう。

定款の事業目的の記載例

介護保険法に基づく以下の事業

- 居宅介護支援事業
- 訪問介護事業
- 訪問入浴介護事業
- 訪問看護事業
- 訪問リハビリテーション事業
- 居宅療養管理指導事業
- 通所介護事業
- 通所リハビリテーション事業
- 短期入所生活介護事業
- 短期入所療養介護事業
- 特定施設入所者生活介護
- 特定福祉用具販売事業
- 福祉用具貸与事業
- 介護予防訪問介護事業
- 介護予防訪問入浴介護事業
- 介護予防訪問看護事業
- 介護予防訪問リハビリテーション事業
- 介護予防居宅療養管理指導事業
- 介護予防通所介護事業
- 介護予防通所リハビリテーション事業
- 介護予防短期入所生活介護事業
- 介護予防短期入所療養介護事業
- 介護予防特定施設入所者生活介護事業
- 特定介護予防福祉用具販売事業
- 介護予防福祉用具貸与事業
- 夜間対応型訪問介護事業
- 認知症対応型通所介護事業
- 小規模多機能型居宅介護事業

・認知症対応型共同生活介護事業
・地域密着型特定施設入居者生活介護事業
・地域密着型介護老人福祉施設入所者生活介護事業
・複合型介護事業
・定期巡回・随時対応型訪問介護看護事業
・介護予防認知症対応型通所介護事業
・介護予防小規模多機能型居宅介護事業
・介護予防認知症対応型共同生活介護事業

介護の事業のすべてを記載しようとするとこれらをすべて記載しないといけません。かなりの数がありま す。これを定款の文言にすべて記載するのが一番、正確で問題ないのですが、それは大変です。そこで、申請する都道府県や市町村によっては次のように包括的に記載することも認められています。

介護保険法に基づく居宅サービス事業

この言葉には、「訪問介護・訪問入浴介護・訪問看護・訪問リハビリテーション・居宅療養管理指導、通所介護・通所リハビリテーション・短期入所生活介護・短期入所療養介護・特定施設入居者生活介護・特定福祉用具販売・福祉用具貸与」が含まれます。

介護保険法に基づく介護予防サービス事業

この言葉には、「介護予防訪問介護・介護予防訪問入浴介護・介護予防訪問看護・介護予防訪問リハ ビリテーション・介護予防居宅療養管理指導・介護予防通所介護・介護予防通所リハビリテーション・介護予防短期入所生活介護・介護予防短期入所療養介護・介護予防特定施設入居者生活介護・介護予防福祉用具貸与・特定介護予防福祉用具販売」が含まれます。

介護保険法に基づく地域密着型サービス事業

この言葉には「小規模多機能型居宅介護・夜間対応型訪問介護・認知症対応型通所介護・認知症対応型共同生活介護・地域密着型特定施設入居者生活介護・地域密着型介護老人福祉施設入所者生活介護・定期巡回・随時対応型訪問介護看護・複合型介護事業」が含まれます。

介護保険法に基づく地域密着型介護予防サービス事業

この言葉には「介護予防小規模多機能型居宅介護・介護予防認知症対応型通所介護・介護予防認知症対応型共同生活介護」が含まれます。

これらの包括的な表現にすれば、４行になります。しかし、都道府県や市区町村によってはこれらの包括的な表現は認めず、個別的な表現でないと受け付けない自治体もあります。

介護サービスのうち、やっていくサービス内容があらかじめ決まっているのであればそれらに絞って書くとか、やりそうもない介護サービスなどは省くなどしてもいいでしょう。

また、仮にこの文言の修正がある場合、定款変更に伴う印紙代が３万円かかります。あとで余計な費用を発生させることのないように、事前に都道府県や市区町村に確認をすることが重要です。

③資本金の金額の設定に注意しよう

普通法人を設立する場合、一点、注意しなければならない点があります。それが資本金の金額です。資本金の金額は多ければいいという話ではありません。資本金は1000万円以下にしないと、二つの税金が増えてしまいます。

一つは消費税です。消費税は、介護事業所の場合、原則的にはかかりません。ですが、新規設立法人であっても、資本金が1000万円以上だと1期目から消費税がかかってしまいます。それを避けるためにも資本金は1000万円未満(1000万円ちょうどだと1期目から消費税がかかります)にしたほうがいいでしょう。

もう一つは、法人住民税の均等割の問題です。法人の場合、個人と異なり、仮に赤字であったとしても法人都道府県民税と法人市町村民税の均等割という税金が必ずかかります。原則的には、法人の登記上所在していた期間、かかります。法人の利益に対して(黒字だったらかかる税金)とは別にかかります。

この均等割が、1000万円以下(1000万円ちょうどでも構いません)かどうかでかなり違います。1000万円以下だと従業員数50名以下の法人であれば、7万円ですみます。ところが、資本金が1000万円を超えると18万円と急に跳ね上がります。これは、法人設立時だけではなく、設立後も増資などをして1000万円を超えたら1000万円を超えた期から均等割が増えてしまいます。

毎年の話ですから、最初に1000万円超の法人にしてしまうと、その後もずっと多い金額の均等割を納付していくことになります。

確かに資本金が大きければ、当初の経営は安定します。その意味では資本金は大きいほどいいと言えます。ですが、あまり大きくしすぎてしまうのもこうした税金の問題が生じてきますから考えものです。

また、逆に資本金が少なすぎるのも設立以後の資金の問題が生じてしまいます。特に介護事業所は介護報酬の入金が2カ月後ですから当初の2カ月くらいは利用者の負担金の入金（原則は報酬の1割部分）のみになってしまいます。その辺を踏まえて、資本金の設定を考えてみましょう。

④合同会社と株式会社はどこが違うのか？

普通法人で介護事業所をやることを前提として、合同会社は株式会社とどこが違うのでしょうか？これらの違いを整理していくと、どう違うのかの理解がしやすいです。合同会社は株式会社と何が違うのか、みていきましょう。

○設立費用

合同会社の場合、設立費用は実費で最低でも約6万円かかります。法務局に提出する登録免許税（収入印紙）は最低6万円が必要です。正確には、資本金の金額の１０００分の7が登録免許税の金額です。これには最低金額があって、合同会社の場合には6万円、株式会社の場合には15万円になっています。先ほど書いたように資本金を１０００万円以下にするのであれば、この最低金額が登録免許税の金額になります。

その他に定款に4万円の収入印紙を貼ったものを提出しないといけません。正確には、定款を作った数だけ収入印紙を4万円貼らないといけません。つまり、法務局に4万円の収入印紙を貼った定款を出し、手元にも定款を残しておく必要があるのであれば、その手元に残す定款にも収入印紙が必要になるため、最低でも8万円の収入印紙を貼らないといけないわけです。その印紙代を節約する目的で、行政書士等の電子定款というものを利用する方法があります。この「収入印紙を貼った定款」を行政書士等に電子認証してもらえば、手元に残す定款に印紙を貼る必要がなくなります。行政書士等の電子認証は、インターネットで依頼して数千円でできるので、実費だけだと6万円ちょっとで済みます。

一方で、株式会社の場合には、登録免許税が最低15万円かかります。また、定款の認証は公証人役場で「認証」してもらうという作業があります。公証人役場での定款の認証には最低でも約5万円かかります。ということは実費だけでも20万円かかることになります。

司法書士などの専門家に頼めば、これらの実費費用以外に専門家に支払う手数料がかかります。司法書士に依頼した場合、通常は合同会社であれば実費費用とあわせて約15万円くらい、株式会社だと実費費用とあわせて約30万円くらいといったところです。費用の面から見ると合同会社の方が圧倒的にコストは安く済むことがわかると思います。

○会社形態

合同会社と株式会社では、会社の仕組みが違います。合同会社と株式会社を比較してみていくと自然と株式会社との違いが理解できます。

合同会社は簡単にいえば、従来の会社の面倒な部分がありません。たとえば、株式会社は最長でも10年の取締役の任期があります。任期を過ぎる場合、重任の登記といって、一定の手数料を支払って再度、更新する必要があります。合同会社にはそれがありません。つまり、任期がないのが合同会社です。社員（株式会社の取締役）の変更などがなければ特に登記の変更はいちいち必要がないということです。

また、合同会社には株主という概念がありません。そのため、合同会社で配当をする場合には、だれにどういうルールで配当するのかを定款に記載する必要があります。逆にいえば、出資者(株式会社でいう「株主」)

に対して配当しないといけないとは限りません。株式会社だったら、株主に配当されます。１株10円とかというのを株主総会で決めるわけです。合同会社では、その配当のルール自体を自由に設定できます。

株式会社の場合、何かを決めるときは「株主総会」や「取締役会」で決定します。原則は多数決です。株主総会であれば、株式数ですし、取締役会であれば参加している取締役や監査役などの多数決で決します。合同会社では必ずしも多数決とは限らないため、どういうルールで決めるのかを定款に記載しないといけません。

○決算公告

株式会社と合同会社の違いとして、決算公告があります（「広告」ではなく、「公告」です）。これは、広く債権者などに会社の決算状況を開示するもので、株式会社の場合、決算が終わるごとに「決算公告」しないといけないことになっています。株式会社であっても実際には決算公告をしていないところが多いですが、法律上は本来、決算公告が必要です。仮に株式会社が決算公告していないと、１００万円以下の過料（罰金）ということになっています。決算公告が必要な会社では、ほとんどの場合、「官報で公告する」としているはずです。ちなみに、まともに決算公告をすると数十万程度かかりますが、電子公告という方法ですと月額３００円（年間３６００円）でできます。電子公告については次のＵＲＬをご参照ください。http://www.moj.go.jp/MINJI/minji81.html

さて、その「決算公告」ですが、合同会社にはそもそもその義務はありません。これは、合同会社のメリットとも言えるでしょう。

○合同会社にすることのデメリット

合同会社の大きなデメリットとして二つあると考えられます。

一つは、社員（株式会社でいうところの「取締役」）が複数いて、仮に経営上の意見が対立した場合、合同会社だと結構面倒な話になります。これも株式会社との比較で考えればわかりやすいです。株式会社だったら原則、株数で決します。最終的な経営方針は、株を持っている株主が決めるわけです。一方で、合同会社の場合、出資者が決定するとは決まっていません。そのため、社員間で経営方針にずれが生じている場合、大事なことが決められないという問題があります。

二つ目としては、合同会社は社会的な認知度がまだ低いことがあります。スーパーの西友や通販サイトの大手Ａｍａｚｏｎなども合同会社です。こうした有名な企業にも合同会社があるとはいえ、まだ絶対的に数が少ないため、一般的な認知度は低いのが現状です。不特定多数との取引を想定すると、合同会社では不十分であることも考えられます。

とはいえ、訪問介護やデイサービスなどを多店舗展開することを想定している場合はともかく、小規模でやることを想定しているのであれば合同会社でも十分運営はできます。どちらがより向いているのかをまずは考えましょう。

合同会社の設立書式のひな形（定款、設立時の書類）は巻末の資料を参照してください（資料Ａ―１、Ａ―２、Ａ―３、Ａ―４）。

⑤届出

☆都道府県・市町村の許認可

介護保険法に基づく居宅サービス事業所、介護予防サービス事業所、介護保険施設を開設するためには、都道府県の指定・許可が必要です。居宅介護支援事業所の場合には、市区町村の指定・許可が必要です。

また、指定・許可後も、各種変更等の届出・申請の提出や、指定後６年ごとの更新を受けることが義務づけられています。新規指定申請は、原則として事業開始予定日の１カ月前までに行う必要があります。更新の場合、都道府県から指定の「有効期間満了日」の２～３カ月前に、更新手続きについて通知されます。

許認可申請の際には次のような書類を提出します。

①指定（許可）更新申請書（様式第10号）
②更新申請書類確認表（別表）
③付表（※サービス種別ごとに異なります）
④従業者の勤務体制及び勤務形態一覧表（参考様式第１号）
⑤従業者の資格を証する書類
⑥誓約書（参考様式第９号）
⑦役員及び管理者名簿（参考様式第10号）
⑧介護給付費算定に係る体制等状況一覧表及び加算にかかる添付書類

都道府県や市区町村によって、取り扱いが多々異なるローカルルールが存在するのが、許認可行政の特徴ともいえます。許認可申請の際は、事前に行政に確認して、早めに届出の準備をしておきましょう。

また、居宅介護事業所の場合、平成30年４月以降は市区町村が許認可窓口になります。市区町村ごとになると、都道府県以上にローカルルールが存在することが容易に想像できます。より一層、窓口で確認が必要となるでしょう。

☆税務署

法人の登記が終わったら次に税務署への届け出が必要です。介護事業所の場合、税務署に提出する書類は以下のようなものです。

書類の名称	いつまで
法人設立届	設立の日から2カ月以内
青色申告の承認申請書	設立の日から3カ月経過した日か設立1期目の事業年度終了の日のいずれか早いほうの日
給与支払事務所等の開設届出書	給与支払事務所開設の日から1カ月以内
源泉所得税の納期の特例の承認に関する申請書	適用を受けようとする月の前月末

これは最低限の書類です。これらの書類に法人の登記簿謄本と定款の写し(コピー)を添付して提出します。

○法人設立届

法人設立届はそれほど難しい書類ではありません。その書類の中に「法人番号」を記載する欄があります。法人を設立すると「法人番号」というのが与えられます。よく「自分の会社の法人番号がわからない」という社長さんがいらっしゃいますが、それは調べればすぐにわかります。この法人番号というのは一般に公表されています。

国税庁のホームページ（http://www.houjin-bangou.nta.go.jp/kensaku-kekka.html）に「法人番号公表サイト」というのがあります。ここに市区町村名と法人名を入れればその法人の法人番号が表示されます。インターネットで調べればわかるということは知っておきましょう。

また、この書類は都道府県と市町村にも提出する必要があります。

都道府県の場合、それぞれの都（道府県）税事務所に提出します。法人事業税の管轄する都（道府県）税事務所に提出することになるので、どこに提出するのか、注意しましょう。市町村の場合には、各市町村の法人市民税の窓口です。東京23区の場合には、都道府県と市町村が一緒になっているため、提出先は都税事務所のみとなります。23区の場合には注意が必要でしょう。

税務署への法人設立届は法人設立後２カ月以内ですが、道府県と市町村は法人設立から自治体によって１カ月以内だったり２カ月以内だったりします（東京都は15日以内）。法人の登記簿謄本と定款の写しを添付して提出しましょう。

○青色申告の承認申請書

青色申告の承認申請書の書類は書類自体は難しくはありません。記載例は巻末の資料を参照してください（資料Ｂ）。

では、なぜ青色申告をするのか理解されていますでしょうか。

青色申告には特典があります。青色申告にするとその特典を利用できるので青色申告にするのです。青色申告の特典には次のようなものがあります。

・欠損金の繰越控除が9年間できる
・損失の繰り戻し還付ができる（赤字だった場合、前年に戻って前年の税金を戻せる制度が使える）
・30万円未満の資産は一括で控除できる制度がある
・特別償却（減価償却を増額できる制度）の適用がある
・所得拡大促進税制の適用がある

他にもいろいろとありますが、法人の場合は特に青色申告にしないと税務上はずいぶんと損してしまいます。届け出を出すようにしたほうがいいでしょう。

届け出期限は法人設立から3カ月以内が原則です。しかし、3カ月以内に法人の決算になってしまう場合があります。この場合にはその決算の日までが提出期限です。忘れずに提出するようにしないといけない書類ですから、期限は間違えないようにしましょう。巻末の資料を参照してください（資料B）。

○給与支払事務所の開設届

この書類の注意点は、法人の登記簿謄本上の所在地と給与支払事務所の所在地は必ずしも一致しないことです。本店所在地以外に給与支払事務所がある場合、その給与支払事務所所在地で届出するということです。提出先に注意しましょう。記入例は巻末の資料を参照してください（資料C）。

○源泉所得税の納期の特例の承認申請書

この書類は、常時10名未満の従業員しかいない場合、源泉所得税の納付を半年に1回にできるというものです。

従業員に給与を支給した場合、源泉所得税を給与から控除して納付する必要があります。その源泉所得税は給与を支給した月の翌月10日までに納付しないといけません。これが原則の取り扱いです。よく「原則納付」と言ったりします。一方で、源泉所得税の納期の特例（よく「納特」と言ったりします）というのは、1月から6月の源泉所得税は7月10日までに納付し、7月から12月までの源泉所得税は翌年1月20日までに納付する形にできるものです。この納特の場合、届出書を出した翌月から適用になります。

この書類の注意点はいつから適用になるのかという点です。届出書を出した翌月からですから、たとえば、1月から給与の支給が発生していて、納期の特例の承認申請書を1月に提出した場合、納期の特例が適用されるのは2月からになります。そうすると、1月の源泉所得税は通常通り、「原則納付」となるので、翌月10日までに納付することになります。この場合は2月10日までに納付することになるわけです。巻末の資料を参照してください。（資料D）。

以上の4種類は法人設立後、最低限、税務署（一部は都道府県や市町村）に提出しないといけません。

期限がバラバラだったりしていつまでに出したらいいのかわかりづらいと思われるかもしれません。提出期限は都道府県や市町村への法人設立届の期限が法人設立後1カ月というところが多いですから、法人設立後1カ月以内には提出が必要だと理解しておけば間違いないでしょう。その他にも、たとえば「減価償却方法の届出」「有価証券の評価方法の届出書」「棚卸資産の評価方法の届出書」などもありますが、これらは必要があれば提出するという形で理解していいものでしょう。

☆年金事務所

介護事業所の場合、法人を設立したら即、社会保険に加入しないといけません。そもそもそうしないと許認可がおりません。法人を設立したと同時に社会保険の適用事業所になる必要があるわけです。この点は他の業種との大きな違いの一つです。他の業種だったら、法人を設立してもすぐに社会保険の加入の手続きをしなくても実務上は問題がない（法律上は、「強制適用事業所」といって法人を設立したらすぐに社会保険に加入しないといけないことになっています）ですから大きな相違点です。

さて、その社会保険に新規に適用事業所になった時の書類ですが、実はこれはそれほど難しい書類ではありません。個人的には、介護事業所の許認可申請の書類の方がよほど書類が多く、複雑ではないかと思うほどです。

1．社会保険に加入する人の「基礎年金番号」
2．扶養者に従業員の「配偶者」がいる場合にはその配偶者の「基礎年金番号」
3．加入する従業員の住所、氏名、生年月日、1カ月の給与の額（通勤手当があればその金額を含んだ金額）

これらの情報があれば、あとはその情報を次の書類に記載していきます。

1．健康保険厚生年金保険 新規適用届
2．健康保険厚生年金保険 資格取得届
3．健康保険被扶養者（異動）届
4．国民年金第3号被保険者資格取得届

記載の仕方は巻末の記載例を参照してください（資料Ｅ―１、Ｅ―２、Ｅ―３）。この他、社会保険料を口座振替にする場合には「健康保険厚生年金保険 口座振替依頼書」というのを銀行に提出して口座の確認印を受けたものもあわせて提出します。

管轄の年金事務所によっては、加入年月日が提出年月日以前に遡った日付にできないなどのローカルルールもあるようです。その辺は管轄の年金事務所に事前に確認するようにしましょう。

☆労働基準監督署

従業員を１名でも雇うと労働保険に加入しないといけません。介護事業所の場合、社会保険と同様、従業員を雇っていて労働保険に加入していないとそもそも介護事業所の認可が下りませんからこれも必ず手続きが必要です。労働保険に加入するには、次の二つの書類が必要です。

１．労働保険　保険関係成立届

２．労働保険　概算保険料申告書

これらの書類に法人の登記簿謄本が必要です。登記簿上の所在地と従業員の働いている所在地が違う場合には、その従業員が実際に働いている所在地の賃貸借契約書なども必要になります。（税務署に提出した「給与支払事務所開設届」でいい場合もあります）登記簿上の所在地と同じ場合には保険関係成立届はそれほど難しい書類ではありません。添付書類も法人の登記簿謄本だけです。

概算保険料申告書は、労働保険に加入した日から３月31日まで（労働保険の計算は年度【４月１日～翌年３月31日】で計算します）の従業員の給与の概算額から大体の金額で労働保険を納付します。労働保険は概算で保険料を先に納付し、翌年度の4月1日以降（具体的には6月1日~7月10日まで）で実際に支払った給与の額から労働保険料の確定申告の計算をします。同時に、次の年度の4月1日~翌年3月31日の保険料の概算を計算して納付します。この労働保険の手続きを年度更新といいますが、労働保険料は常に前払いで支払っていくという仕組みを理解しておきましょう。

なお、この労働保険料の書類の提出は労働保険の成立した日（法人の場合には通常は法人設立の日）から50日以内に提出しないといけません。労働保険の納付も50日以内ですから、納付まで忘れずにやりましょう。概算保険料申告書の記載例は巻末資料を参照してください（資料F）。

☆公共職業安定所（ハローワーク）

法人を設立した場合の届け出としてはもう一つ、公共職業安定所（ハローワーク）があります。従業員を雇ったのであれば雇用保険の加入があります。その手続きが必要です。このハローワークへの届け出には次の書類が必要です。見本は巻末資料を参照してください（巻末資料G―1、G―2）。

1. 雇用保険適用事業所設置届
2. 雇用保険被保険者資格取得届
3. 個人番号届出書

これらの書類に労働保険のときに提出した「保険関係成立届」の写しと法人の登記簿謄本の写しが必要です。また、労働者名簿を用意するほか、出勤簿や賃金台帳があればそれらも持って行ったほうがいいでしょう。登記簿上の所在地と従業員の働いている所在地が違う場合には、その従業員が実際に働いている所在地の賃貸借契約書なども必要になります。これは、税務署に提出した「給与支払事務所開設届」でいい場合もあります。ここは労働保険の時と同じで、ローカルルールが存在しますから、事前にハローワークへの確認が必要でしょう。

一応、提出期限は雇い入れの日の翌月10日までですが、労働保険の手続き後ですから少し遅くなるかもしれません。遅くなっても構わないので早めに提出するようにしましょう。

また、平成30年5月以降は、雇用保険の資格取得届・資格喪失届を提出する場合に、個人番号届（マイナンバーの届け出）がないと、原則として、手続き自体ができないこととなりました。雇用保険の手続きの際には、個人番号（マイナンバー）を従業員さんからもらうことも忘れないようにしましょう。

⑥資金繰り

事業を始めるにあたっては、まず真っ先に資金繰りを考える必要があるでしょう。この時、一番重要なのは「収入は少なめに、経費は多めに」見積もることです。思っている以上に資金は足らなくなると思っておいた方がいいでしょう。

巻末に掲載した資金繰り表を用いて、少なくとも向こう2年くらいのやりくりを月ごとにシュミレーションしてみましょう。事業をやるにあたっては必要不可欠なものですから、十分考えながら、場合によっては税理士等の専門家のアドバイスも聞きながら自分で作成してみましょう。ひな形がありますので、巻末資料を参照してください（資料H）。

よく、専門家にこうした資金繰り表を作ってもらうケースがありますが、これでは意味がありません。経営者自身が自分で作ることに大きな意味があります。いつどういう収入が入り、どういう経費の支出があるのか、よく考えながら作る必要があります。マイナスが出てしまう月はどうするのか、よく検討しましょう。

⑦日本政策金融公庫の融資を利用しよう!

日本政策金融公庫は100%政府が出資している特殊な法人です。株式会社ですが、実質的には国の運営する金融機関です。

店舗数は日本全国に152店舗(平成29年9月現在)あり、貸出額は18兆3397億円に上ります。貸出額だけ見れば、都市銀行のりそな銀行と三菱UFJ信託銀行の中間くらいに位置します。中小企業への貸し出しがメインの金融機関で平均の貸出額は約700万円ということです。最も多い貸出額は300万〜500万円だと推測されます。

普通の銀行は、預金の預け入れをしてもらった資金を貸し出しに回すことで成り立っています。ですが、この「公庫」は銀行ではありませんから、預金を預け入れてもらうという機能はありません。

また、「保証」の機能もこの公庫自身で行います。民間の金融機関ですと、この「保証」の部分は担保を取ったり、保証協会での借り入れにして保証協会にしてもらったりするわけですが、そういった「保証」の機能は公庫自身で行ないます。

つまり、このような関係になります。

	預金	貸出	保証
民間金融機関	○	○	×
日本政策金融公庫	×	○	○

保証協会の機能はあるけど、預金の預け入れ機能はない。そう考えると、民間の金融機関とはちょっと違う特殊な立ち位置にある金融機関だとお分かりいただけると思います。

さて、この公庫の融資ですが、まずはその特徴を知ることが大事です。

公庫の融資といえば、「創業融資」が特徴的です。

これは、政府が１００％出資していることから由来しているものだといえます。

国としても新しく事業を興すことを支援したいというメッセージでもあります。民間金融機関より、創業融資は積極的といえます。

ただ、公庫の「創業融資」には決定的な特徴があります。その特徴を知っておくことが公庫の「創業融資」を成功させるコツだといえます。

まず、公庫の「創業融資」は「ある決まったカタ」にはまっていることが非常に重要です。その「カタ」というのは、次のようなものです。

・経験を積んで来た業種での開業であること。
・開業までの準備期間にある程度の自己資金を用意していること。
・事業計画がきちんと立ててあり、資金使途が明確であること。

三つ目の要件はある意味、公庫の創業融資に限らず、どの融資でもいえることとです。

決算書などの過去のデータによる評価を「定量評価」と言います。一方で、事業の将来性や市場の状況・企業の強みなど、数字に表れないものを評価することを「定性評価」と言います。

開業時の場合、定量評価が当然、ありませんから、これからの部分の未来の評価となってきます。経営者の人柄や事業の将来性など目に見えない部分を評価しないと資金の貸し出しはできません。公庫の融資が「創業融資」で多いのは、政府系の金融機関であることから、民間の金融機関ではしづらいこうした「未来の評価」を積極的に融資の評価に入れる役割が期待されているためということもあるのではないかと思います。「定量評価」のみでしか融資の評価がされないのだとしたら、いつまでたっても新しい事業をやる人が出てこないわけです。

たとえば、介護事業所に10年勤務して、そのノウハウを活かして介護事業所を立ち上げるというようなケースです。この場合、かかる資金のうち、およそ3分の1程度を自己資金で用意しておくことができれば、融資を受ける際には有利に働きます。

さて、公の目的の色合いの強い公庫の融資ですが、表向きのそうした特徴と異なって、実は隠れた特徴があります。それは、決算書などの定量評価が重視される傾向があることと、借り入れ実績があり、きちんと期日に返済していればそれも重視される傾向があるということです。

創業融資に積極的な「公庫の融資」ですが、実際の公庫の融資は「過去の実績」という「定量評価」が重視され、その積み重ねがあって評価される形になっているのです。

最初は200万とか300万とかの融資であってもきちんと返済して決算書上も悪くなければ、次の融資では500万借りることも可能になります。それもきちんと返済していれば1000万借りることも不可能ではなくなります。

一方で、「創業融資」は過去の評価である「定量評価」のない融資ですから、「定性評価」に重きを置かざるを得ません。「定量評価」を重視する公庫であっても「定性評価」を重視した融資をせざるを得ない、むしろ積極的に「定量評価」を重視した融資をしないといけないわけです。

そこで、公庫の融資は特徴的な考え方が融資に採用されます。つまり、「定性評価」といっても、目に見えるもの、創業融資の場合には、「過去の経験」だったり、「自己資金をいくら用意しているのか」だったり、といったことが融資の評価には非常に重要な要素になるわけです。

もし「過去の経験」や「自己資金」に問題があるのであれば、「保証人」を立てることも考える必要があります。公庫の融資は、実務上は「名に見えない評価」、たとえば「将来性」とか、「事業の可能性」とかは評価としては弱く、「過去の実績」「今までの経験」「自己資金」「担保」といった目に見える部分が重視されるということは知っておいていいでしょう。

こうした公庫の融資の特徴を理解して、創業当初の資金繰りを考えてみましょう。

第2章

介護事業所の労務管理はどうやっていくのか？

①雇う従業員の労務管理はどうやったらいいのか

「労務管理」とは何でしょうか？『広辞苑第四版』（岩波書店）によると「労働者の使用を合理化し生産性を高めるために、経営者が行う管理。人事・福利厚生・教育・労働組合対策などを含む」とあります。要するに、従業員の給与を始めとした労働環境を整備していくことを「労務管理」と言います。この「労務管理」は、介護事業所の経営の肝であり、もっとも大事な部分といえます。

ここでは、まずは、就業規則の作成と労働契約書の締結といった労働法の基本ルールについて、書いていきます。

○就業規則の作成

皆さん、お判りでしょうが、就業規則は会社が定める労務管理の基本的なルールのことです。ですが、これは会社側が一方的に定めるものだということはご存知でしたでしょうか？　言い方を変えれば、就業規則というのは会社側が決めるルールなわけです。

では、労働契約と就業規則、どちらが優先されるのか、ご存知でしょうか。

答えは就業規則が優先されます。これは労働契約法という法律に書かれています。

ただし、就業規則で定める基準に達しない労働条件を定めている雇用契約（個別労働契約）の場合には、その部分については無効となり、無効となった部分は、就業規則で定める基準によることとなります（労働契約法13条）。

ちなみに、労働関係の定めに関する優先順位は次の通りになります。

①労働法令　②労働協約　③就業規則　④労働契約

また、就業規則は「常時10人以上の労働者を使用する」場合に、所轄労働基準監督署に提出しないといけません。しかし、仮に10人未満の従業員数しかいなくても提出したほうがいいでしょう。これは、第4章に書きますが、助成金を受給する場合のことを想定してのものです。また、従業員数が少ない時のほうが従業員の合意も得やすいため、その意味でも事業を始めたら、就業規則もあわせて作成しておいたほうがいいでしょう。

さて、その就業規則ですが、これは一から作るとなるとかなり大変な作業になります。一般的な介護事業所の就業規則については、ひな形がありますので、巻末資料を参照してください（資料Ｉ）。このひな形から自身の介護事業所に合う形に変えていったらいいと思います。

○労働契約書の締結

従業員を雇ったら、労働契約（雇用契約）を締結する。これは基本的な話ですが、残念ながら多くの介護事業所で徹底されていない部分です。労働契約書の締結は、労務管理の基本です。加えて、都道府県や市区町村の監査があった場合にも、労働契約書はチェックされる項目です。

また、雇用条件通知書というのがあります。これで済ませてしまっている会社も多いです。雇用条件通知書とは、会社側が従業員側に一方的に通知するものです。これは、厚生労働省がひな形を出しています。巻末資料を参照してください（資料Ｊ）。

しかし、この形式は従業員側の署名・捺印がなく、一方的に通知するものです。法的な効力という意味でも、労働契約書という労使双方の署名・捺印のある書類にしたほうがいいです。これは、あとで労使紛争に発展する場合も考慮してのことです。契約書の形式で署名は交わすようにしましょう。労働契約書は巻末資料を参照してください（資料K）。

さて、労働契約書締結の際の注意点です。これは、第４章で書きますが、助成金と話が絡みます。新規の雇用者はできれば、６カ月以上の期間の「有期雇用契約」で契約を交わしたほうがいいです。それができれば、キャリアアップ助成金という助成金を受給できる可能性があります。この助成金については、第４章で詳しく説明しますので、第４章に譲ります。

○サブロク（36）協定とは何か？

サブロク（36）協定ってご存知でしょうか？

労働基準法の第36条にこのことが書かれていることからサブロク協定といわれています。

従業員さんに時間外労働をさせる場合、このサブロク協定というのを労働基準監督署に提出しないといけません。このサブロク協定が出ていないと、時間外労働をさせられません。

よく勘違いされるのが、時間外労働の割増賃金の支払いです。残業をさせるのであれば、割増賃金を払わないといけないというものです。通常の時間外は２割５分増、深夜労働（夜10時から翌朝５時まで）は２割５分増、休日労働は３割５分増、というものです。

残業代を払っていれば、それでいいと思っている経営者が意外と多いです。つまり、残業代は払っていてもサブロク協定は提出していない事業者が多いということです。

これは違います。時間外労働をさせる予定があるのであれば、サブロク協定は必ず出さないといけません。違反すると刑事罰の対象です。つまり、ひどければ逮捕されることもありうるわけです。

「うちの会社は残業させせない」と言い切れるのであれば別ですが、基本的には事業をやっている人で、従業員さんを雇っていればサブロク協定は出さないといけないでしょう。

ですが、たとえば、所定労働時間が９時～17時だったとします。12時から13時は休憩時間とします。そうすると、労働時間は休憩時間を除くと７時間です。その場合、17時から18時はどうなるのかというと、これは、所定時間外ですが、法定時間（１日８時間）には収まっています。これは、サブロク協定の対象となる時間外労働とは言えません。割増賃金も支払い義務はありません。

この場合には、18時以降も残業させるのであれば、サブロク協定を提出したうえで、時間外労働の割増賃金を支払う義務があることになります。

ちなみに、このサブロク協定ですが、提出せずに時間外労働をさせると刑事罰の対象になりますが、サブロク協定を提出すれば提出した日以後は刑事罰を逃れることができます。ですので、たとえば、１月１日から１年間が有効期間として提出して、提出したのが１月20日だったとすると、１月１日～１月19日は時間外労働をさせることができない（その期間にもし時間外労働をさせていたら、刑事罰の対象）ということになります。

また、このサブロク協定は通常は有効期間が１年以内の期間でないといけません。つまり、毎年、サブロク協定を提出しないといけないわけです。決算期だったり、年度（４月から翌年３月）だったり、わかりやすい時期に設定して忘れないようにしましょう。巻末にサブロク協定（時間外労働・休日労働に関する協定書）の記載例を掲載しましたので参考にしてみてください（資料Ｌ参照）。

〇法定時間が週44時間でいい介護事業所もある

「１週間の労働時間は44時間でいいんですか」というのは、たまに治療院だったり、内科や歯科といったクリニックの先生から受けることがある質問です。

労働基準法にある「労働時間の特例」というもので、次のように規定されています。

次の業種のうち、常時使用する労働者の数が10人未満の事業所は1週間の労働時間を44時間とすることができます。

- 小売、卸売、理美容業などの商業
- 映画館、演劇業など
- 病院、診療所などの保健衛生業
- 旅館、飲食店などの接客娯楽業

この特例のポイントは三つあります。

一つ目は「労働者の数が常時10人未満」という点です。パート・アルバイトも含め、労働者の数（社長などの役員は入りません）が常に10人未満であれば該当します。私は「所定労働時間の最初から最後までいる従業員さんの数」として考えています。社員だけではなく、パートさんでも労働時間が長ければ「常時使用する労働者」と言えるだろうと思います。まったくイコールではないですが「雇用保険の被保険者数」がかなり近いと思います。「雇用保険の被保険者数」で、10人未満かどうかを判定してみてください。

二つ目に、業種です。保健衛生業の中に介護事業所も含まれますので該当します。

三つ目は、1週間の労働時間は40時間ではなく、44時間でいいわけですが、1日の労働時間の限度は8時間だということです。

では、具体的にどのような影響があるのか、少し考えてみたいと思います。

たとえば、勤務時間が月～金で1日8時間だったとします。

月から金まで、９時出勤で休憩が2時間、19時までの勤務だったとします。これで40時間です。介護事業所の場合、土曜日もやっていたりしますが、土曜日の勤務を９時から13時までの４時間勤務とすることができます。

あるいは、月から土の勤務で、１日の労働時間を7時間20分ずつにすれば、ちょうど44時間となります。より柔軟な勤務体制が取れそうです。

この規定には、ポイントがいくつかありますので、それについて触れていきたいと思います。

1カ月単位の変形労働時間制を適用する場合には、この労働時間の特例は使えますが、1週間単位の変形労働時間制や1年単位の変形労働時間制では、週の労働時間は40時間になります。１カ月あたりの労働時間で17時間ほど、差が出てきます。

１カ月単位の変形労働時間制というのは、１カ月の労働時間をガラガラポンして、すべて合算して考えるやり方です（1週間のうちに1日の休日がないといけないなどはあります）。週の労働時間が40時間ですと、1カ月あたりの労働時間は１７３・8時間になりますが、週の労働時間が44時間ですと、１カ月あたりの労働時間は１９１・1時間となります。

これを知って、「うちも1週44時間にしよう」と思われた介護事業所の経営者の方も多いことと思います。しかし、一般的には「週の労働時間は40時間」が定着しています。「なんでうちだけ週の労働時間は44時間なの？」という従業員さんの不満が出てくる可能性があります。週44時間制を導入するのはその辺も考慮したほうがいいと思います。

○兼業禁止規定は必要か？

「兼職禁止」というのは「二重就業禁止」と言ったりします。「兼職」や「二重就業」。つまり、「他の会社で働いてはいけない」という話です。通常は、就業規則でこうしたことを規定します。

「兼職禁止」や「二重就業禁止」というのは、そもそもなぜこうした規定が必要なのでしょうか？

これは、主に二つの理由があると思います。

一つは労働基準法の観点です。

労働基準法では、週の所定労働時間を40時間としています。1日の労働時間8時間です。

さらに、1週間に40時間や、1日8時間を超える労働をさせる場合には「サブロク協定」というのを労働基準監督署に届け出ないといけません。逆にいえば、サブロク協定を監督署に届出をして初めて、残業してもらえるわけです。

なぜこんなことをしているのかというと、これは「労働者保護」の観点からです。働かせすぎることを未然に防止しているわけです。「過労」になると体を壊したり、精神疾患にかかりやすくなったり、そうしたことを法律が未然に防止しようとしているわけです。

さて、先ほどの「兼業」です。

この1週40時間、1日8時間というのは、「兼業」していた場合の他の仕事にも及びます。つまり、2つ働いている場所があるのであれば、それを通算して考えるわけです。これは、趣旨が「労働者保護」という観点であることから考えればわかります。2カ所で働いているのであれば、その2カ所の労働時間を通算するということです。ということで、就業規則などで「兼職禁止」や「二重就業禁止」にするのはある意味、従業員さんの健康を考えてのことだという話です。

「兼職禁止」「二重就業禁止」のもう一つの理由は、「会社の保護」です。

たとえば、９時から17時で働いていたとします。その後、コンビニで18時から21時くらいまで働いていたとします。それが毎日です。本人は「会社に影響がないようにコンビニでの仕事はする」といくら言っても、それは、本業の会社の仕事に少なからず影響があるのが通常でしょう。

毎日、コンビニで副業をしていれば当然、疲れもたまりますし、そもそも17時で帰ればいいですが、かならずしもそうもいかないでしょう。残業が必要な日もあるでしょう。そういう場合でも、残業をさせられない。そう考えると、「兼業」をすることは少なからず「本業」の仕事に影響が出るわけです。

「兼業禁止」や「二重就業禁止」というのはこうした観点から定められている規定だということは知っておいていいでしょう。

しかし同時に、近年この「兼業禁止」の規定が見直されています。「兼業」を認めようというものです。給与を昇給させるのにも限界があります。そのために「兼業」を認めていくというものです。

介護事業所だと、訪問介護は比較的、複数の事業所の訪問介護のヘルパーをやっているケースが散見されます。介護事業所も１カ所の事業所だけでは給与がそれほど多く支給されないため、検討してもいい点です。

しかし、その場合、特に従業員の労働時間が増える、つまり過重労働になってしまう点にどう配慮するかがポイントになります。他の事業所での勤務時間を報告してもらうなどして、従業員の雇用管理にも十分に配慮したうえで「兼業」を認めていくことも必要なのではないかと思います。

②退職金規定の整備

○退職金規定は必要か？

「退職金規定は何のために必要なのか？」

よく考えてみると、ほとんどの中小企業で必要であることがわかるはずです。

まず、勘違いしてはいけないので前提として書いておきますが、退職金はなくてもいいものです。ただ、退職金があるのであれば、就業規則に退職金規定を作る必要があります。これを「相対的記載事項」といいます。そして、規定があれば会社には退職金を支払う義務が生じます。つまり、退職金を支払うのだったら規定を作って支払う義務が生じるということです。

これは、賞与も同じです。賞与も規定があれば規定に則って支払い義務が生じますが、規定がなければ会社に支払い義務はありません。退職金規定も規定があれば払わないといけないものですが、そもそも退職金規定がない会社は退職金自体は支払う必要のないものになります。

それで、私見を結論から言いますが、「退職金って支払ったほうがいいの？」と聞かれたら、私は迷わず「退職金規定を作ってきちんと支払う形にしたほうがいい」とお答えしております。それはなぜでしょうか？

退職金規定が必要な理由を思いつくままに挙げてみました。

1. 退職金規定があると人材確保につながる
2. 退職金は損金になるため、業績が良ければ節税になる
3. リストラの際には「手切れ金」の意味合いを持たせることができる
4. 退職金制度は社員の老後の生活設計に役立つため従業員の福利厚生に役立つ
5. 従業員の労働意欲の向上に役立つ

まだあるのかもしれませんが、こんなところが思い浮かぶところです。

しかし、経営者はこんな風に考えるはずです。「中小企業にとっては退職金の支払いは大変な負担。規定を作ってしまうとそれに縛られ経営が苦しくなるのではないか。だったら退職金規定なんて作らないほうがいいのではないか」。

私は、このように考える社長さんに、前記のうちの特に1の理由で、退職金制度をきちんと整備していくべきだというお話をします。大企業と中小企業の差は福利厚生面で出てきます。特に退職金規定などの部分があるかないかは、大きな会社との差になってしまいます。近年、どの業種でも共通して人材難に悩んでいます。大きな会社との差は、休暇・休日であったり、退職金制度であったりといった部分です。これを整備しているのかどうかは、いい人材を雇うことと決して無関係ではありません。いい人材を雇うためにも、中小企業にとっては退職金制度は不可欠であるわけです。特に、介護事業所は人材の確保がしづらい業種です。いい人材を確保するためにも退職金規定は必須です。

もっと違う言い方をしますと、退職金制度というのは職探しをしている人にとってはメルクマークの一つにもなっています。逆にいえば、求人票の「退職金制度」が「無」になっていれば、職探しをしている人のふるいから落とされます。一度、ふるいから落とされてしまっては二度とそのふるいに戻ることはできません。中小企業は人材を雇う場合には、企業のほうが選ばれていることを忘れてはなりません。

○退職金規定にはどのようなものがあるのか？

中小企業の場合、退職金規定は、企業の外部にお金を出す形と、自社で運用する形に大別されます。まず、自社で運用する形の退職金規定は中小企業ではリスクが大きすぎるためやめておいたほうがいいでしょう。

もし自社で運用する形の退職金規定しかないのであればどこかの段階で変更することを検討したほうがいいです。

では、外部に運用するものにはどのようなものがあるのでしょうか。

1．中小企業退職金共済
2．特定退職金共済制度
3．厚生年金基金
4．確定給付型企業年金制度
5．確定拠出型企業年金制度（401K）
6．生命保険

こんなところがあがるでしょう。
まずは順番にこれらの制度の概略を掴んでおきましょう。

1．**中小企業退職金共済（中退共）**

この制度は中小企業の退職金制度に多く導入されている制度です。特徴はとてもわかりやすいことです。月額5000円から30000円の範囲で企業が掛け金を全額負担します。払った掛け金は会社側では全額損金となります。一方で、退職金は中小企業基盤整備機構から退職者本人に直接、支払われます。

この中退共については、第4章で再度、説明します。

2．特定退職金共済制度（特退共）

この制度は中退共に似ているため、よく比較されます。

そこで、この二つの制度は、特に特退共を考える場合、中退共と比較してみるとよく理解できます。

まず加入の要件です。

中退共では、中小企業に限られています。資本金や従業員の数がある一定水準以下になっている中小企業でないと加入できません。一方で、特退共は基本的に資本金や従業員数に制限はありません。したがって、資本金の大きい会社や従業員数の大きい会社でも加入できるのが特退共です。

また、掛け金の金額にも違いがあります。

中退共は月額掛け金５０００円～３００００円で定められている金額で選びます。一方で、特退共は掛け金が１０００円～３００００円で１０００円単位で選択できます。中退共よりも細かいわけです。

さらに、違いという意味でいえば、運営主体が違います。中退共は独立行政法人勤労者退職金共済機構であるのに対し、特退共は一般の生命保険会社などです。

また、中退共は事業所が加入した最初の1年間は掛け金の助成があるのに対して、特退共には掛け金の助成がありません。これは、特退共の運用主体が一般の生命保険会社であるのに対して、中退共は独立行政法人であることと関係していることです。

逆に、同じ点も多くあります。掛け金の支払いを企業がして、退職したら従業員本人に直接、退職金が支払われる点や会社が支払った金額の全額が損金に算入できる点等は同じです。

特退共の利用の仕方として、中退共だけだと退職金の額が少ないので、上乗せという意味合いで特退共も加入するというケースが多いです。

3．厚生年金基金

意味合いとしては厚生年金の上乗せです。俗に、1階部分が国民年金、2階部分が厚生年金というのに対して、厚生年金基金は3階部分などと呼ばれます。ただ、厚生年金基金自体が整理統合されていることや、2024年4月1日までに厚生年金基金自体が廃止されることになっていることなどから、現状でこの制度を選択する中小企業は大変少数派です。

現在、厚生年金基金を採用している中小企業は古くから厚生年金基金をやっている企業が継続してやっているというようなケースが多いと思います。

4．確定給付型企業年金制度

これは、中小企業側自身が退職金の支払い義務を負い、企業自身が退職金のお金を運用するというものです。昔はこれが主流でしたが、今、この制度をあえて選択している中小企業は大変少数派です。これから退職金制度を整備する中小企業の多くは中退共や特退共、確定拠出年金を導入して、企業自身が退職金の支払い義務を負うことを選択しなくなっています。それでも確定給付年金を選択する中小企業は古くから退職金規定があってその規定が退職給付金規定になっているようなケースでしょう。

5．確定拠出型企業年金制度

企業が掛け金を支払ったらあとの運用は本人に任されるものです。本人の負担と会社の負担があり、本人負担・会社負担がそれぞれ全額控除（従業員本人は全額社会保険料控除、会社側は支払ったものは全額損金）で、会社としては支払ってしまえばあとの運用は本人がやることなので、退職金の支払い義務が生じないというメリットがあります。

従業員本人にとって、確定拠出企業年金制度（以降、確定拠出年金）はどんなメリットがあるのでしょうか？

・確定拠出年金の口座はその会社を辞めても次に再就職した会社でも引継ぎできる
・個人ごとにいくら残高があるのかを、ネットでいつでも確認できる
・原則として、確定拠出年金の口座からの払い出しは60歳以降
・払い出し時に、一時金としてもらえば退職所得となり、年金形式でもらえば公的年金等の雑所得とみなされる
・厚生年金に加入している人は全員が対象
・支払った掛け金は全額、社会保険料控除になる

では、会社側にとって、確定拠出年金はどんなメリットがあるのでしょうか？

・運用が低迷しても、確定給付年金のように追加負担はない
・確定拠出年金の支払いをすれば会社としては退職債務は負わない
・勤続年数が３年未満の社員は、退職時に掛け金相当額の返還を求めることができる

こんなところでしょうか。

経営者の視点からすれば、要するに、支払ってしまえば責任はないという実に簡単なところが確定拠出年

金の一番のメリットといえます。中小企業での退職金制度としては中退共や特退共についで多いものになります。

6．生命保険

退職金制度としては、一般の生命保険会社を使った制度です。

一般の生命保険会社にある「福利厚生型養老保険」と呼ばれるもので、特徴は中退共や特退共と違い、いったん会社に入金されてから本人に退職金を支払う形のため、退職理由の如何によって支払われるということはありません。また、一部解約や全部解約について、従業員本人の同意は原則、不要です。会社の資金繰りの都合でいつでも資金化できる点は特徴的です。

あとは、通常、この「福利厚生型養老保険」は支払額の2分の1が損金（個人事業は必要経費）になります。ただ、従業員全員を対象者にしないと2分の1が損金にならないという点も特徴的です。

いずれにしても、退職金制度を設けるということはこれらの制度を使う、あるいは複数の組み合わせで制度設計していくことになると思います。自社にとってどの制度がふさわしいのか。まずは、上記のような概略を知ったうえで、選択していくことが必要だろうと思います。

③マイナンバーについて

介護事業所のマイナンバー対策は、二つあります。

まずは、介護施設で働く従業員のマイナンバー対策の話です。従業員さんから預かるマイナンバーですが、これは年末調整の際の扶養控除申告書にはマイナンバーを書かずに、通知書の写しを提出してもらい、それを管理する形を徹底することです。これはなぜでしょうか？

「扶養控除申告書」には「マイナンバー」を記載してしまうと、「扶養控除申告書」が書いてあるために、厳格に保管しなければならない書類になってしまいます。「扶養控除申告書」は「マイナンバー」の保管は鍵付きのキャビネットに保管するなど厳重な管理が必要になります。また、マイナンバーを取り扱えるのは、「事務取扱責任者」のみとされています。扶養控除申告書にマイナンバーを記載してしまうと、その扶養控除申告書は「事務取扱責任者」しか扱えなくなります。このように、扶養控除申告書にマイナンバーを記載してしまうとその後が大変面倒なことになります。そのため「扶養控除申告書」にはマイナンバーを記載しないようにするわけです。

従業員さんのマイナンバーについては、**年末調整の時に、「マイナンバー通知書」のコピーを預かる。ただし、「扶養控除申告書」にはその「マイナンバー」は書かないようにしてもらう**。これが、従業員に対してのマイナンバー対策です。もちろん、コピーした「マイナンバー通知書」を会社で保管する場合には、鍵付きのキャビネットで保管しないといけません。これも面倒な話なので、クラウド型のソフトに入力してしまい、預かったコピーのマイナンバー通知書はシュレッダーにかけてしまうようにするのが理想的です。

もう一つですが、これは介護事業所の利用者さんのほうの話です。

２０１５年12月17日に厚労省からマイナンバーについて事務指針が出されました。その内容は要約すると以下のような内容です。

１．利用目的はあらかじめ明示する

利用目的を利用者本人に明示する必要があります。利用者に利用目的を書面等で明示せず、「介護保険で必要だから」といって、利用者からマイナンバーを集めるのは法律上、問題があります。

2. マイナンバーの「事務取扱責任者」ではない

介護事業所はマイナンバーの取扱事務責任者に該当しません。それなのにマイナンバーを利用者から集める場合、「預かり証」を発行し、コピーを預かった場合には手続きが終わったら即時に、利用者本人にマイナンバーの写しを返却しないといけません。

利用者のマイナンバーを金庫で保管するという事例があります。しかし、これは法律違反です。介護事業所は「事務取扱責任者」に該当しない以上、利用者のマイナンバーを保管することは法律違反になります。介護事業たとえば、グループホーム入居者など、住民票の所在地が介護施設になっている場合、介護施設自体にマイナンバーが届きます。これは、原則は、このマイナンバー通知書は開封せず、家族等に開封しない状態のまま引き渡すのが対応としては正しいものと思います。

「要介護認定の書類作成に必要」という理由だけで、介護事業所がマイナンバーを保管することはマイナンバーの取り扱い規定（漏洩防止の安全管理措置、組織的安全管理措置、人的安全管理措置、物理的安全管理措置、技術的安全管理措置を講じること）に違反することにもなり、問題があります。しかし、現実には、介護事業所で、要介護申請の書類等でマイナンバーの記載が求められます。

厚労省の事務指針によると、原則は「マイナンバーは本人が申請し、書類にマイナンバーを記載する」こととしており、例外として、介護事業所がマイナンバー記載の書類を代理して申請する場合、「本人の代理人として申請する場合」の他、「個人番号を記載せずに申請」することを認めています。

介護事業所がマイナンバーの事務取扱責任者になるには、「安全管理措置」「人的安全管理措置」「物理的安全管理措置」「技術的安全管理措置」を講じたうえで、事務取扱責任者になる必要があります。事務取扱責任者とは、税理士や社労士などの士業には認められていますが、介護事業所には認められていません。将来的にはケアマネージャーが事務取扱責任者になれるかもしれませんが、現状では、当面は「要介護認定等のマイナンバーを記載する必要のある書類にはマイナンバーを記載しない」形で対応するのが最も無難な対応だと思います。

第3章

介護事業所のお金の管理はどうしたらいいのか？

①利用者負担金の管理

介護事業所の経理上、重要なことの一つに、利用者負担金の管理があります。

利用者に対して請求書はいつ発行したのか、どの利用者の負担金が回収できていて、どの利用者が回収できていないのか、それらを毎月、把握していくことです。通常は、介護ソフトの「カイポケ」や、「ほのぼの」でそれらを管理することができる機能があるはずです。

また、介護契約をした利用者さんの口座から毎月、一定期日に引き落としになる契約をすることも有効です。インターネット上で誰が回収できていて誰が回収できていないか、一目瞭然になります。引き落としのための手数料負担がかかりますが、それは必要なコストと考えてもいいと思います。

また、毎月、どの利用者が回収できていないのかをチェックすることは経営者にとっては重要な作業です。月ごとに回収できていない利用者に再請求を出すなどして、誰が回収できていないのか、いくら回収できていないのか、そしてなぜ回収できていないのかまで把握しないといけません。

利用者の負担金の管理については、私が見ていると、これが結構できていない会社が多いです。やることは単純な作業なのですが、要するに毎月やっていないために、ある時点から把握できなくなるわけです。経理上は、売掛金の利用者負担金が減らないので、回収できていない利用者負担金があることがわかるわけですが、試算表などで経理上把握する以前に、わかっていないといけません。毎月、一定期日を締日にして、利用者の誰が回収できていないのか、いくら回収できていないのか、なぜ回収できていないのかを把握する仕組みを作っておきましょう。

また、生活保護の利用者の場合、利用者の負担金は市区町村から入金されます。これらは、利用者の負担金の回収ですから、間違えずに処理する必要があります。同じ市町村からの入金も介護報酬の本体の入金なのか、利用者の負担金の入金なのかによって、経理処理は変わりますから注意が必要です。通帳に直接、利用者負担金か介護報酬本体かを記載してわかるように区別しておくと、経理処理の際に役立ちます。

②国保連の処理を確認しよう

介護の請求では、請求した一部が何らかの理由で返戻（請求できないとして返されてしまう）というのは当たり前に発生します。さて、この返戻の経理処理はどうされているのでしょうか。

返戻があった場合、経理上は、返戻があった時点で保険売上を減少させて、売掛金も減少させます。再請求すればその時点でまた売掛金を増やし、保険売上を増やす形で処理します。返戻の都度、その処理をしていないと売掛金がなぜか一致しないという事態になってしまいます。返戻はきちんと処理するようにしましょう。

また、処遇改善加算金の入金は介護報酬本体と一緒に振り込まれます。この処遇改善加算金は原則、介護職員全員に配らないといけません。いくら入金されて、いくら介護職員に配布したのか、きちんと把握していないといけません。**処遇改善加算として入金されている金額は1円でも残っていると、原則として1年間処遇改善加算金として受け取った金額のすべてを返さないといけません**。これは処遇改善加算が他の介護請求と同じように「加算」であるためです。処遇改善加算が現時点でいくら入金されていて、いくら介護職員に支払ったのかを把握できるようにしておきましょう。

③取引銀行をどこにするのかの選定方法

法人設立後、銀行口座の開設をすぐに行なわないといけません。国保連からの入金先になる口座の開設です。では、どこの銀行を取引銀行とするのか。銀行を決める際はどういう基準で決めたらいいのでしょうか？　そもそもどの銀行で口座を開き、どの銀行で借入をしたらいいのか、経営者の皆さんはどうやって決めているのでしょうか？

統計を取っているわけではないですが、「なんとなく」とか「大きな銀行だから」とか「近くにある銀行だったから」とか、そういったあいまいな理由が多いように思います。銀行選びも「経営戦略」だとしたら、どの銀行をメイン銀行にするのかというのは、経営を左右する重要な要素です。

では、どういう基準でメイン銀行を決めたらいいのでしょうか？　決める際の基準はまずは自社がどのくらいの年商規模があるかがポイントです。一般的に銀行の規模は次のような感じで考えていいと思います。小規模のものから、**信用組合、信用金庫、地方銀行・第二地銀、都市銀行**です。

「○○信用組合」というのは一般的にはかなり小規模の銀行です。信用金庫になると地域でそれなりの取引規模のある銀行という感じです。地方銀行は信用金庫よりもエリアが少し大きいイメージです。都市銀行は全国規模になる感じです。

年商でいうと、

信用組合――年商数百万円～年商数千万円
信用金庫――年商数千万円～年商1億円程度
地方銀行――年商数千万円～年商10億円程度
都市銀行――年商10億円超

こんなイメージでいいと思います。これは、各銀行が出している預金量と貸出額の数字を見ればイメージできます。

信用組合は、預金量や貸出額が１０００億円以下の規模です。信用金庫になると１０００億円くらいから1兆円くらいの規模になります。地方銀行になるとこれが1兆円を超える規模になります。都市銀行になると、例外はありますが、これが数十兆円規模になります。

具体的に数字を追ってみてみましょう。地方銀行、信用金庫、信用組合の上位5位までは下のようになります。

この表で「**預貸率**」というのがあります。これは、**銀行に預け入れしてもらっている預金額に対していくら貸し出しているかという率**です。これについては、あとで改めて説明します。

金額が大きいのでピンと来ないかもしれませんが、地方銀行の上位5社までは、都市銀行に迫るくらいの大きな規模といえます。

信用金庫の上位5信金はいずれも1兆円を超える規模です。結構大きな規模です。ですが、地方銀行ほどではないことがわかります。

都市銀行

銀行名	横浜	千葉	福岡	静岡	常陽
預金額	122,284	100,733	84,244	87,151	77,287
貸出額	97,240	84,611	72,452	73,931	56,564
預貸率	79.50%	84.00%	86.00%	84.80%	73.20%
店舗数	209	188	170	205	179

信用金庫

銀行名	京都中	城南	岡崎	埼玉縣	多摩
預金額	42,306	35,787	26,116	24,750	26,442
貸出額	22,342	21,479	14,791	13,930	10,134
預貸率	52.80%	60.00%	56.60%	56.30%	38.30%
店舗数	128	85	96	96	78

信用組合

銀行名	近畿産	茨城県	長野県	大阪協	大東京
預金額	13,338	11,371	9,194	5,728	5,652
貸出額	8,105	4,944	2,777	3,397	3,058
預貸率	60.80%	43.50%	30.20%	59.30%	54.10%
店舗数	33	84	51	13	45

単位：億円

信用組合は近畿産業信組のような大きな信用組合だと信用金庫並みの規模になります。また、京都中央信金のような大きな信用金庫だと地方銀行並みです。しかし、これらは例外で、ほとんどが信用組合だと、信用金庫の半分以下の規模で、信用金庫は地方銀行の半分以下の規模といえます。横浜銀行は地方銀行というより、都市銀行に近い大きな規模の地方銀行です。

こうした銀行の規模感というのは「どの銀行に口座を開くか」「どの銀行で借りるか」を決める際の重要な要素です。年商が1000万円程度かそれ以下の事業だったら都市銀行や地方銀行では、ちょっと大きい銀行になってしまいます。信用組合や信用金庫で検討すべきです。

逆に、年商が10億円近くある会社であれば、信用組合や信用金庫ではちょっと小さすぎます。地方銀行や都市銀行で検討すべきです。

また、預貸率（預かっているお金をどれくらい貸し出しているか）というのも重要な要素です。預貸率が高いほど、銀行の本業である「お金を貸す」ことに熱心であることを示しています。つまり、お金を貸すことに積極的であるということです。一つの判断基準として、預貸率の平均値は約50％です。もちろん、預貸率はいろいろな要素が影響しているわけですが、預貸率をメルクマーク（指標）の一つと捉えてみるのもいいと思います。

これまでに挙げたような数字は、ネットで調べればすぐにわかるものばかりです。こうした数字を把握したうえで、自社のメイン銀行を決めてみてはいかがかと思います。

④決算書の表示に気を付けよう！

銀行は決算書のどこを見ているのでしょうか。

損益計算書は経営者には馴染み深いです。要は、いくら売り上げて、経費を何にいくら使ったかですから、非常にわかりやすいです。貸借対照表を見ると、「資本の部」とか「資産の部」とか、正直わかりづらいです。

損益計算書のポイントは比較的わかりやすいです。要は「上から順番に重要な項目が並んでいる」わけです。

太字で下線を引いた箇所、これが銀行が重視している部分です。

売上高	
仕入高	□□□□□□□□
売上総利益	□□□□□□□□
役員報酬	
給与	□□□□□□□□
法定福利費	□□□□□□□□
賃借料	□□□□□□□□
…	
…	
…	
減価償却費	
雑費	□□□□□□□□
販売管理費合計	□□□□□□□□
営業利益	
雑収入	□□□□□□□□
支払利息	□□□□□□□□
経常利益	
特別利益	□□□□□□□□
特別損失	□□□□□□□□
税引前当期利益	□□□□□□□□
法人税等	□□□□□□□□
税引後当期利益	□□□□□□□□

まずは、「売上高」。当たり前ですが、まずは年商いくらの会社なのか。つまり、年間の総売上はいくらの会社か。これで、会社のおおよその規模が把握できます。

たとえば、雑収入も同じ、収入の項目です。雑収入に結構、大きな金額が上がっていませんか？税理士の先生によっては、銀行融資のことはほとんど頭にない人もいます。そういう先生が決算書を作ると、こうなっているケースも多いです。会計処理的には間違いないんです。ですが、銀行の視点を全く考慮に入れていないわけです。しかし、銀行は上から見るわけです。これが頭に入っていないんです。

ですから、雑収入に入っている項目よりも、売上が年間でいくらか、これが大事なわけです。たとえば、おむつを売ったりしたものが「雑収入」にあったら、即「売上高」にしてもらってください。「厳密に言えば、法人だと定款の目的に入っていない事業は売上高にならないんだよね」なんて、税理士の先生に言われるかもしれません。だったら、定款を変更したっていいのです。それくらいしてでも、銀行的には売上高がまず大事なんです。

では次に、具体的に損益計算書の経費のどの部分を重視しているのか、見ていきたいと思います。

まずは、「役員報酬」です。役員報酬というのは、いくらでも自由に設定できます。ですから、銀行的には「この役員報酬はないとすると、利益はいくらか」と考えています。実質的に、役員報酬は会社の利益とみて、この会社の本当の稼ぐ力はどのくらいかというのを考えているわけです。

「役員報酬を低く設定しないと利益が出ず、銀行評価が下がる」といって極端に役員報酬を低くする経営者もいらっしゃるのですが、低い役員報酬に設定してもそれほど意味はないです。役員報酬を低くすれば、個人の税金は減り（社会保険料も減りますし）、その意味では意味はあるのでしょうが、銀行評価的には、あまり意味はないと思っていいでしょう。

次に、「減価償却費」です。これは設備や機械、備品とかを数年に分けて経費計上するものです。銀行的には、この減価償却費は一回、ないものとして計算しています。というのは、減価償却費は現金支出がない経費のためで、経費としてお金が出ているわけではないからです。これも経費から除いてその会社の本当に稼ぐ力を測っているわけです。その意味では、役員報酬と同じです。これも、減価償却費を調整して利益を出す形の決算書を作る経営者がいますが、銀行的にはそれほど意味がないわけです。

あとは「営業利益」と「経常利益」です。

営業利益は、本来の業務でどれくらいこの会社は利益が上がっているのか、という指標です。

経常利益は、本来の業務プラス本来の業務以外で結局、１年間でどれくらい稼ぐ力があるか、という指標です。

それぞれがどのくらい利益があるのかで本来の稼ぐ力を見ています。できれば、両方とも利益が出ている状況であれば、銀行融資的には有利になります。

さて、そうすると、一番最後の「税引後当期利益」は見ていないのか？　ということです。見ていなくはないでしょうが、上記の指標に比べれば、かなり重要度は低いです。よく「税引後の利益でプラスにしないと銀行的によくない」とおっしゃる経営者がいますが、それは違います。いくら「税引後利益」がプラスでもその途中の「営業利益」や「経常利益」がどうなっているのか、こちらのほうが重要度が高いです。

では、銀行的に見栄えのいい決算書とはどういうものでしょうか？

損益計算書はとにかく上から大事な項目が並んでいるわけです。ですから、「収入はなるべく上へ、経費はなるべく下へ」となります。

たとえば、「租税公課」という科目に中間納付した法人税とかを入れる方がいます。これは「法人税等」

にしたほうがいいです。それから、退職金の支払で結構、大きな金額が出た場合は、給与の下あたりで「退職金」と表示する方がいますが、特別損失の欄に「退職金」としたほうがいいでしょう。あとは、売掛金の貸倒があった場合。これは、介護施設だと利用者さんの負担金が回収できないケースがあります。そうした売掛金の貸倒れは「販売管理費」に表示せずに「特別損失」にしたほうがいいです。

さて、余談ですが、銀行に融資の相談に初めて行ったとします。決算書を出しました。銀行員はまず最初に決算書のどこを確認するでしょうか？

私は結構、顧問先の社長さんと一緒に銀行へ伺うことが多いです。決算の内容は私のほうがよく把握しているために一緒に銀行に行くのですが、それでついて行って銀行員に決算書を渡すと、まず最初に、貸借対照表の「資本の部」の利益剰余金を見ています。次に、「売上高」を確認しています。そして、その銀行員がそれなりに決算書をわかっている銀行員なら、電卓を出して素早く「経常利益＋減価償却費」を計算しています。

さて、この最後の「経常利益＋減価償却費」というところです。これは何をしているかというと、簡易的に「返済可能な額」を計算しています。

「利益＋減価償却費」が1年間に返せる金額と単純にはそう判断します。たとえば、経常利益が５００万だったとしましょう。減価償却費が２００万だったとします。そうすると、７００万ですね。この７００万というのがこの会社が1年間に返済可能な金額だと考えているわけなんです。７００万が返済可能だとしたら、5年返済の借入金であれば、３５００万ですね。

だから、「この会社はざっくり言えば３５００万までは貸せるな」こんな判断しているわけです。

あとは既存の借入金の状況を見て、たとえばすでに２０００万の借入金があれば、「じゃあ１５００万くらいかな」とか、そんな感じの判断です。

もちろん、いろいろな部分を審査するので一概には言えないわけですが、融資の申し込みをする際に、一番最初の第一段階で決算書から読み取れることを考える。これが銀行の見方だということがご理解いただければいいという話です。

あと、もう一つ。

よく、いろいろなものを経費に入れているという自覚のある経営者から、「こんなに経費に入れたら銀行からなんか言われるかなあ」というような話をされることがあります。

これも少し銀行の感覚とは違います。銀行は経費の中身は興味がありません。興味がないというか出された数字をそのままそこは信じます「同業他社と比べても経費が多くかかるんだなあ」くらいには思うかもしれませんが、その程度です。銀行的には要は、「この会社は1年間運営していくのにいくらかかるのか」ということが知りたいだけです。いろんなものを経費に入れていたからってそれを銀行が問題にすることはないでしょう。ただ、銀行からすでに借りていて、融資するのが厳しい会社さんだとしたら「もう少し経費の削減をしてください」というような話があることはあるでしょうが、経費の具体的な中身にまで突っ込んで話をしてくることはまずないでしょうから、そこはご安心ください。

ただ、当然ですが、「いろいろなものを経費に入れている」のであれば、税務署的には問題があるかもしれません。

⑤銀行との付き合い方を考える

経営にとってもっとも大事なことは何だと思いますか？　言い方を変えれば、「倒産」しないようにするにはどうしたらいいと思いますか？

多くの経営者が銀行の借入金をとにかく少なくしようとそればかり考えています。経営者によっては5年返済の借入金を少し現金ができたからといって、繰り上げ返済してまで先に返そうとします。「借金」があることはとにかく「リスク」と思っているわけです。「借金＝リスク」という思い込みは経営にとっては百害あって一利なしではないかと私は思います。

たとえば、銀行から借り入れをするとき、1000万は融資が下りるだろうとなったとします。でも、500万くらいあれば足りるとします。そうすると、500万しか借りないわけです。しかも、7年返済でやろうと思えばやれるのにわざわざ5年とか、場合によっては5年よりも短い期間に設定しようとするわけです。

こうした経営者の思考法は、「借入＝リスク」という思い込みによるものだと私は思っています。もちろん、借入金があれば一定程度のリスクはあります。しかし、経営にとって借入金の残高よりも怖いことがあります。それは「手元の現金がなくなること」です。

よく考えてほしいのですが、なぜ倒産するのでしょうか？　それは「現金がなくなる」からです。つまり、借入金がたくさんあるから倒産するわけではありません。借入金があってもそれだけでは倒産しません。会社経営が継続できなくなるのは、現金がなくなったときです。

最近の倒産事例として有名になったのは旅行代理店の「てるみくらぶ」です。確かに借入金がたくさんあった（正確には多額の負債があった）ようですが、倒産した本質は借入金がたくさんあったからではなく、現金がなくなったからです。手元の現金以上に支払う必要のあるものがあったためです。

つまり、経営にとって大事なのは、より多くの手許現金を持っておくことなわけです。現金があれば倒産からは遠くなります。借入金をいかに少なくするか、という思考法は本当に大事な部分がおざなりになっているると思います。

少し乱暴な言い方をすれば、お金を作るのであれば売上でお金を作るのではなく、誰かに出資してもらう方法でもいいですし、もちろん借入金でもいいわけです。「現金を最大化する」これが経営にとって最も重要なことです。

こういう話をすると、「そういっても借りれば返さないといけないし、なにより銀行に利息を払わないといけないのがもったいない」なんていう話をする方がいます。

よく考えてほしいのですが、年利は今1～2％といったところです。仮に１００万借りたとして年利で1～2％だったら、年間の利息は1万～2万円です。実際にはそれを12で割った金額が1カ月の利息です。これって、何かの会費程度の話ですよね？

借入をなるべくしないで経営するのが一番いいと考えて、とにかく手元の現金をやりくりで毎月ギリギリでなんとかしている経営者がいますが、私から見ますと、こんな危なっかしい経営の仕方はないと思うわけです。

そして、「借入するのは経営の状況が悪くなった時」と考えている方も非常に多いです。こういう方はよく考えてほしいのですが、銀行は経営状況が悪くなれば、当然、金利や返済期間などの条件は厳しい条件を出してきます。かなり悪い経営状態なのであればそもそも借入自体できないこともあり得ます。つまり、「悪くなってから借りる」というのは自分の理屈であって、銀行サイドの事情は全く加味していません。

銀行を揶揄する言葉で、「晴れた時に傘を貸して雨が降ったら傘を貸さない」というのがあります。厳しい時こそ銀行から借りたいのに貸してくれず、逆に、晴れているときに借りてくれと来る。それが銀行です。

それを「勝手だなあ」と言っているわけです。

借りる側からすればそうでしょう。ですが、よく考えてほしいのですが、銀行だって商売です。銀行はどんな商売かといえば、人にお金という銀行の商品を貸して利息をもらう商売なわけです。俗っぽく言えば、「金貸し」が銀行の仕事の正体です。

その「金貸し」からしたら、経営状況の悪いところに貸すよりいいところに貸したほうがいいに決まっています。つまり、先ほどの「晴れた時に傘を貸して雨が降ったら傘を貸さない」というのを経営者がわかっているのであればなぜ「晴れた時に傘を借りる」ことをしないのか、ということです。

「借りる必要がないから借りない」というのは借りる側の理屈です。銀行側の事情も加味して「借りる必要はないけど借りておく」という選択をすることでリスクヘッジしておくのが経営なわけです。しかも、経営状態がいい時に借りたほうが、利率や返済期間がこちらに有利になるわけです。つまり、「経営状態がいいからこそ借りる」という話になるわけです。

経営というのはいつどうなるかわかりません。いい時にこそ、銀行から借りるという選択をするのが経営におけるリスクヘッジだと思います。

⑥介護事業所の税金にはどんなものがあるのか？

介護事業所の税金というのは、どんなものがあるのでしょうか？

介護事業所は法人が前提ですから、法人に係る税金になります。決算ごとに決算月の2カ月後に次の税金がかかります。

法人税、法人都道府県民税、法人事業税、法人市民税、消費税

もっとも、消費税は法人の設立形態によっては1期目はかかりません。この辺はこの後の「介護事業所の消費税とは？」をご参照ください。

その他に、どんな税金があるのでしょうか。

固定資産税（償却資産）、源泉所得税、事業所税

事業所税は大きな規模でないとかかりませんからここでは説明は省きます。この他にも、自社で持っている自動車には自動車税や軽自動車税があります。

固定資産税は、土地や建物がなくてもかかることがあります。これを償却資産といいます。償却資産とは、土地及び家屋以外の事業の用に供することができる資産で、その減価償却費を計上するものをいいます。

償却資産を所有している場合、毎年1月1日現在所有している償却資産の内容（取得年月、取得価額、耐用年数等）について、1月31日までに償却資産の所在する市区町村（東京23区の場合には都税事務所）に申告する必要があります。介護施設だと、内装設備、パソコンなどの器具などが該当するでしょう。車は自動車税の対象なので該当しませんが、10万円以上30万円未満の資産で1回で費用処理したもの（少額減価償却といいます）は償却資産に該当します。

源泉所得税は従業員さんなどの給与から天引きする所得税です。これは原則は給与の支給をした翌月10日までに納付しないといけませんが、「源泉所得税の納期の特例」を提出することによって半年に1回にもできます。この辺の話は第1章で書きましたのでそちらをご参照ください。

⑦介護事業所の消費税とは？

介護事業所の消費税というのはどうすればいいのでしょうか？

原則的には、介護事業所で消費税を納付することはありません。これは介護報酬本体部分（9割部分）だけでなく、利用者の負担する負担金も含めて消費税はかからないためです。

では、介護事業所で消費税を納付しないといけない場合というのはどういうケースでしょうか？　これについては、国税庁のQ＆A『非課税となる「居宅サービス費の支給に係る居宅サービス」の具体的な範囲』の中で詳しく書かれています。一部を抜粋して書きます。

Q：非課税となる居宅サービスの具体的な範囲はどのようになるのでしょうか。

A：消費税法に規定する「居宅介護サービス費の支給に係る居宅サービス」とは、介護保険法の規定に基づき、保険者（市町村）から要介護者に対して、実際に支給される居宅介護サービス費に対応する部分の居宅サービスに限って消費税を非課税とするというものではありません。（途中略）介護保険法第43条に規定する支給限度額を超えて提供される居宅サービス（例えば、ケアプランの範囲（時間、回数、種類）を超えて提供される居宅サービス）のように、居宅介護サービス費が支給されないもの（利用者が全額負担）であっても、要介護者に対して提供される指定居宅サービスについては、消費税は非課税となります（消費税基本通達6—7—2）。

また、通所系又は入所系のサービスにおいて、その介護サービスの性質上、当然にそのサービスに付随して提供されることが予定される日常生活に要する費用（たとえば、通所系の食材料費・おむつ代等、入所系の食材料費・居住費用・理美容代等）についても、居宅介護サービス費の支給に係る居宅サービスに含まれ、消費税は非課税となります。

介護保険法に基づいて支払われる介護報酬は消費税がかからないのはもちろん、介護保険の枠を超えたサービス（いわゆる横出しサービスなど）であっても消費税はかからないとされています。また、介護施設で日常生活品の購入に要する費用も消費税は非課税です。

では、どういうケースで消費税がかかるのでしょうか。原則的な理解の仕方としては、介護保険外サービスの提供があった場合に消費税がかかると考えればいいでしょう。たとえば、次のようなものです。

- 事業実施区域となっていない区域の介護サービス事業者を利用した場合の交通費
- 通常の事業実施地域以外の地域に居住する利用者に対して行う送迎に要する費用
- 要介護者が選定する特別な居室の室料
- 要介護者が選定する特別な食事
- 家事代行サービスに依頼した費用
- 介護保険対象外の高齢者住宅に要する費用（住居部分は消費税が非課税）

介護保険の枠とは別のサービスの提供を受けたようなケースでかかるというわけです。そして、さらにそれが年間１０００万円以上になると、その介護事業所は消費税の課税事業者になってしまうわけです。

では、どういうタイミングで消費税の課税事業者になってしまうのでしょうか？

まず、資本金が1000万円未満の法人であれば、法人設立1期目と2期目は原則的には消費税がかかりません。これは第1章で書きましたのでそちらを参照してください。課税売上高が1000万円を超えると、1000万円を超えた期ではなく、1000万円を超えた翌々期から消費税の納税義務が発生します。

仮に消費税の課税売上が1000万円を超えて1100万円くらいになったとしましょう。どのくらいの消費税がかかるのでしょうか？

通常、介護事業所の場合、消費税は簡易課税という方法を選択します。簡易課税というのは、課税売上高から単純に一定の率をかけて消費税を計算する方法です。一方で、原則課税という方法は「課税売上に係る消費税」から「支払った消費税」で計算する方法です。介護事業所では、非課税売上が多いことから、この原則課税という計算方法の方が納める消費税が多くなってしまう傾向があります。したがいまして、簡易課税で計算してみましょう。

1100万円×8／108×50％＝40万7400円（百円未満切り捨て）となります。

※前提として、消費税は第5種という売上のみ、消費税率は8％としています。

約40万の税金が発生してしまうわけです。もちろん、本来はこれは利用者が負担すべき税金ですから、この税金は利用者に負担してもらうのが筋ではありますが、「課税売上が1000万円を超えてしまったので、今年から消費税分を上乗せさせていただきます」とは言いづらいでしょう。ましてや、担当のケアマネージャーに説明しても「それだったら違う事業所（消費税がかからない介護事業所）にしてもらおう」となりかねません。介護保険外サービスに乗り出すとこうした問題が発生してしまうのは知っておいていいことです。

また、よく質問されることですが、いろいろな経費で消費税を支払っているのにその支払った消費税は支払ってしまって終わりになってしまうということを言われます。たとえば消費税率が上がっても単に負担が増えるだけで、消費税の増税分、なんらの見返りを受けず損してしまうというような話です。

消費税の非課税取引である介護保険サービスについては、支払った消費税は控除を行なえないため、その税負担は介護報酬で手当されていると考えられています。決して、損しているわけではないということも理解しておきましょう。

⑧介護事業所の節税対策にはどんなものがあるのか？

介護事業所を経営していくと、経営が順調にいけば税金が発生するというリスクが出てきます。介護事業所は1カ所で小規模経営をやっているとなかなか利益が出づらいですが、２カ所、３カ所と拠点を増やしていくと利益が出やすいという特長があります。

新規に設立したばかりの介護事業所だとなかなか利益が出ないため、節税まで頭は回らないのですが、２カ所、３カ所と増えていくと急に利益が出てくる局面になってきます。そうなったときには今度はいかに税金を少なくしていくのかという問題に直面するわけです。

もちろん、1カ所の拠点であっても工夫の仕方で利益は確保できます。いずれにしてもそうなったときに初めて節税対策を考えるのでは少し遅いという話です。利益が出る局面の少し前に対策を考えるのが賢い経営といえます。

では、介護事業所で節税対策というのはどんなものがあるのでしょうか？

ここでは代表的な節税対策をご紹介しましょう。

○セーフティ共済（倒産防止共済）

セーフティ共済（中小企業倒産防止共済ともいいます）というのをご存知でしょうか？　もしご存じなければ必ず知っておいた方がいいものです。概略だけでも知っておきましょう。

まず対象になるのは「1年以上事業を行っている中小企業」です。創業間もない事業者は対象外です。介護事業所の場合、法人設立から1年以上であれば対象になります。

まず、運用主体である中小企業基盤整備機構の出しているセーフティ共済の説明文を以下に引用します。

「貴方の会社が健全経営でも「取引先の倒産」という事態はいつ起こるかわかりません。経営セーフティ共済（正式名称：中小企業倒産防止共済制度）は、そのような不測の事態に直面された中小企業の皆様に迅速に資金をお貸しする共済制度です。」

つまり、売掛金の相手先が倒産して売掛金が回収できなくなった場合、中小企業基盤整備機構がその回収不能になった売掛金の代金相当額のお金を貸してくれるというものです。貸すという話で、もらえるわけではないです。また、無利子で貸してくれます。ただ、介護事業所の場合、売掛金の相手先は国保連ですから、これが倒産するということはまず考えられないことです。つまり、こうした業種では、この共済の本来の機能を使うことはまずないと言えます。

では、何のために加入するのかといえば、節税の目的で加入します。

このセーフティ共済の掛け金は全額、損金になります。払ったものが全額引けるわけです。そのために節税に使えるわけです。さらに、40カ月以上かけると、解約しても払ったものは100%戻ってきます。払っている間は全額損金で、40カ月以上、かけていれば解約しても全額戻ってくる（戻ってきた場合には、全額収入計上【雑収入】ため、税金が出るときに支払い、逆に赤字傾向の時に解約して現金化（収入計上）するような形を取れば、節税が図れるわけです。

また、解約はしたくないが、資金が必要というような場合、**解約手当金の95％の範囲でお金を借りることも可能**です。この貸付制度は仮に返せないとしても積み立てている共済金からマイナスされるだけですので、その意味でも利用しやすい制度です。

また、**月額５０００円～20万円まで５０００円刻みで選択**できます。月払いにもできますが、年払いも可能です。

保険料というのは、セーフティ共済に限らず、原則、支払ったときに費用計上（損金計上）となります。そのため、私は顧問先には、**決算月に加入し、年払いにすることをお勧めしています**。決算月に年払い契約することで、毎年、決算前の状況を見ながら掛け金をいくら払うのかを検討できるからです。決算が厳しい状況（赤字決算）なのであれば、決算の翌月に支払って、次期の経費にすることも可能です。状況を見ながら今年はいくら払うか、もしくは払うのをやめて次期に繰り越すかを決められるので、決算月に契約し、支払いを年払いにすることが私のお勧めです。

また、月額20万円までかけられることから、たとえば、20万円×12カ月分で２４０万円をいっぺんに支払ってもすべて経費計上されます。たとえば、月払いで月額20万円払っていて、決算月に翌年の12カ月分を前払いすると、合計で年間４８０万円支払うことになり、支払ったときに経費計上という点から、４８０万円すべて経費計上とすることも可能です。

ただし、前払いする保険料が1年を超えた期間になってしまうと、その期間に対応した部分のみが経費計上になりますので注意が必要です。

たとえば、平成31年3月決算の法人で、平成31年3月に平成30年4月〜平成31年3月までの保険料を前払いしたのであれば全額経費計上が可能ですが、平成30年4月分〜平成31年4月分（13カ月分）を前払いしてしまうと、期間に対応する部分のみが経費計上になることから、平成29年3月決算ではすべて経費計上できないことになります。

セーフティ共済の特徴をもう一度まとめますと……

・売掛金の相手先が倒産したらその売掛金の金額の範囲内でお金を貸してもらえる
・払ったときに全額損金計上（必要経費）、解約金を受け取ったら全額収入計上
・解約せずにお金を借りることもできる
・月額5000円〜20万円まで掛け金を選択できる
・40カ月以上かけていれば解約しても払ったお金は全額戻ってくる
・月払い、年払いいずれも選択できるが、決算月に契約し、年払い契約にするのがお得
・13カ月以上の分を前払にしてしまうと、今期の経費にはできず、次期以降の経費になる

次に、セーフティ共済に加入した後の話です。これは税理士でも失念しているケースが多いので特に注意が必要な点です。

セーフティ共済は払ったら原則、全額損金計上ですが、税法的にはこれは正しくはありません。実は、税法上は「**原則：積立金**、**例外：損金**」なんです。

法人の場合、別表10（6）『特定の基金に対する負担金等の損金算入に関する明細書』に記載し、『適用額明細書』に条文番号等を記載して初めて損金計上できることになっています。

これはどういうことなのでしょうか？　実はどうも税務の考え方は、セーフティ共済というのは基本的には積立金と認識しているようです。そのため、「損金に計上するのであれば別表を添付する」となっているようです。この別表や適用額明細書の添付については、税理士でも失念の多いものであることも頭に置いておきましょう。

ちなみにですが、過去に出した申告書にこの別表や明細書が添付されていなかった場合ですが、即座に損金計上が否認されるというのは考えづらいかなと個人的には考えています。実務上は「今度からちゃんと出すようにしましょうね」という話で終わるような気がします。

ただ、あくまでも、規定上は別表や明細書の添付が要件とされていますから、その点は誤解のないように。

また、もう一点。これも忘れがちですが、このセーフティ共済はかけられる金額に上限があります。**累計で８００万円**です。それ以上はかけられません。ということは、累計額でいくらになっているかの管理が別に必要になるということです。

「今期もセーフティ共済を掛けようと思ったら上限いっぱいで掛けられないと言われた」と後からわかってもそれで節税を図ろうとしていた場合、計算が狂います。累計額については、毎年２月頃に中小企業基盤整備機構から掛け金累計額についてお知らせが来ます。セーフティ共済の累計額を表などで管理するのと同時に、毎年、その通知で改めて確認するようにしましょう。

○小規模企業共済

介護事業の経営者は自分自身に対しての退職金はありません。退職金には、老後の生活設計という目的もあることも考えると何らかの措置が必要でしょう。

ということで、事業主さんの退職金は自分でどうにかしないといけません。退職金というのは、老後の生活設計という目的もありますし、前回やったように税法上も、税金が少なくなる方に計算されるもので、節税にもなるものです。ですので、事業主も退職金をもらいたいところです。それが、小規模企業共済です。

一言でいうと、「払っている間ももらった時も節税効果の高い保険」という感じです。節税以外の目的にもいろいろと使えることも特徴的です。

まずは払った時です。月額千円から7万円までかけられ、しかも全額所得控除になります。払った額が全額控除できる点で、事業主としては、生命保険をやるよりもこの小規模共済をやったほうがはるかにお得という話です。

それから、この小規模企業共済がすぐれているのが、もらったときの取り扱いです。

事業を廃業した場合に、解約して共済金を受け取るわけですが、この時に、税務上は扱いが「退職金」になります。要は、非常に税額が少なくなるような計算方法になります。

ちなみに、事業を廃業したわけではなく解約すると、もらった共済金は「一時所得」の扱いになります。ですが、一時所得であっても、「(もらった共済金―50万円)×1／2」という計算をするため、税額は少なくなるようには計算されます。

払っているときは全額所得控除、もらったときも税金が少なくなるように優遇されているのです。

もう一つ。この小規模企業共済のいいところは、払った金額の範囲でお金を借りられることです。掛け金の支払い月数により、払った金額の7割から9割のお金を借りられます。将来、返済すればその分、実際に共済金を受け取れますし、仮に返済しなくても将来の共済金の受け取りの際に相殺して減額されることになるだけです。

銀行融資と違い、審査がなく、保証人や担保も不要で、しかも、入金されるまでが早い（借入の申し込みをしてから2日〜3日くらいのようです）点もいいです。ということで、何かと中小企業経営者にとっては非常にいい制度なんですが、注意点があります。それは加入要件です。

介護事業所などのサービス業の場合は従業員数５名以下が条件です。ですので、すでに従業員数が５名を超えていると加入できません。ですが、これは加入時点の条件です。事業を継続していってその後、従業員数が５人以上に増えてもそれは問題ありません。したがいまして、まだ事業規模が小さい段階で始めたほうがいいということです。

節税にもなって、他にもいろいろと使える小規模企業共済。是非、加入を検討してみましょう！

○生命保険の活用

社長が急死した場合のケアはできているか？

社長が亡くなってしまい事業の継続ができない体制になっていたりするとその後、従業員が困ります。取引先も困ります。とりわけ、従業員は急に給与がもらえなくなって路頭に迷うようなことがあっては困ります。

さて、そんなときのために経営者の方（特に、法人組織としている経営者の方）には、法人名義の生命保険を活用することをお勧めしています。

法人名義の生命保険を使う意義は次のようなものだと思います。

1．万が一のこと（社長が急死することなど）があっても、生命保険が入れば、当面の資金繰りには苦慮しない

2．たとえば、法人名義の定期保険だったりすれば、支払額の半分が損金になるものもあり、個人名義で加入する保険と比べて節税効果が高い

3．保険事故（社長が亡くなるなど）が起こらない場合、たとえば、満期返戻金のピークと社長の退職予想年齢が一致するような保険を選択すれば、社長の退職金の支払いに充当できる

介護事業所の場合、必ず法人化しないといけないわけですから事業を始めた後、この法人名義の保険加入を勧めています。その主な理由は、前記の3．です。中小企業の経営者は事業をやめた後の退職金は自分で確保する必要があります。それを保険を使って確保するわけです。法人名義の保険には解約返戻金というのがあります。要するに、解約した場合、いくら戻ってくるかというものです。社長が亡くなったりという保険事故が起こらない場合、途中でその保険を解約すると解約返戻金というお金が戻ってきます。それを社長の退職金に充てるわけです。

それから、前記の2．の節税効果です。個人の生命保険と違い、法人名義の生命保険は損金（つまり税金を少なくする金額）が大きくなります。個人名義の保険はいくら支払っていても、現在は生命保険料控除の金額は最大で年間4万円です。一方で、法人名義の保険だと、たとえば支払額の半分は損金になったりします。節税効果という意味もあるわけです。

万が一の時の保障もあって、しかも節税にもなり、社長自身の退職金の原資としても使える。加えて、法人名義の保険に入っていると、その保険からお金を借りることができたりする。要は、いろいろ使いようがあるのが、「法人名義の生命保険」です。年齢が若いほうが当然、有利なので、この法人名義の生命保険を早めに加入していくことをお勧めしています。

ただ、他に入っているものがあったり、資金繰りが厳しかったりするような場合にはお勧めしないこともあります。経営にとってはまずは資金繰りが優先です。法人名義の生命保険の加入はあくまでも、余裕のある範囲での加入であるべきです。その辺はよく考えてうまく活用することだと思います。

第4章

これからの介護事業所の経営の在り方を考える

①助成金・補助金を利用した経営

ある社長さんに「**助成金の情報みたいなものは、誰が教えてくれるの？**」と聞かれたことがあります。

まず、知っておいてもらいたいのは、この質問された社長さんが感じている通りで、**税理士や会計士のほとんどは助成金のことを知らないということです。**私のように経理だけでなく、労務管理や助成金についても知っていれば、顧問をしてもらっている会計事務所から教えてもらうのが一番いいでしょう。ですが、**ほとんどの会計事務所は、経理や税金の情報には精通していますが、「助成金」のことは手続きをやったことがないため、何も知らない人が多い**のです。「会計事務所＝お金の専門家」「税理士＝経理や経営の専門家」というのは経営者の勝手な思い込みです。**問題なのは、こうした「助成金」のことをあまり知らない会計事務所とかかわっていると、情報が入ってきませんから、損している可能性がある**ということです。

助成金や補助金はもらったら返済しなくていいお金です。中小企業の経営者、とりわけ**介護事業所はこの助成金・補助金は該当するものが多い業種です。**これらをうまく活用していく経営が求められます。ここで、代表的な助成金・補助金をご紹介していこうと思います。

その前に「助成金」と「補助金」の違いはご存知でしょうか。

「助成金」は多くは厚生労働省のやっているものです。「ヒト」を雇ったりという「ヒト」に絡むものが多いです。特徴は要件に該当すればもらえますが、該当しない箇所が1カ所でもあればもらえません。一方で、「補助金」というのはその多くは経済産業省等でやっているものです。「新規事業」など、「事業」に着目しているものが多いです。この「補助金」の特徴は必ず審査があるため、要件に当てはまっていても、審査で落とされてしまって受給できないこともあるということです。

介護事業所によくある代表的な「助成金」と「補助金」をご紹介していきましょう。

○特定求職者雇用開発助成金（**特定就職困難者コース**）

特に介護事業所ではよくあるのですが、**60歳以上の人や母子家庭のお母さん**（**お父さんもＯＫになりました**）、障害者を雇用するともらえる助成金があります。それが**特定求職者雇用開発助成金**です。

いくらもらえるのかは、短時間労働者（週の労働時間が20時間以上30時間未満の労働者）か短時間労働者でないかによって異なります。

【短時間労働者以外】

60歳以上65歳未満の者、母子家庭の母（父）……60万円（大企業だと50万円）

身体障碍者・知的障碍者……１２０万円（大企業だと50万円）

重度身体障碍者……２４０万円（大企業だと１００万円）

【短時間労働者】

60歳以上65歳未満の者、母子家庭の母（父）……40万円（大企業だと30万円）

障害者……80万円（大企業だと30万円）

私の経験上、一番多いのは、60歳以上65歳未満の者と母子家庭のお母さんのケースです。介護施設だと特によくあるケースです。

この助成金のポイントは「ハローワーク等からの紹介での雇い入れ」という点です。単に60歳以上65歳未満の人を雇うだけではないわけです。ですが、このポイントをクリアすれば、簡単な部類の助成金です。該当する人をハローワークの紹介で雇い入れたのであればハローワークの方から書類が送られてきます。

今まで、私が関与していた先であったのは、この助成金の書類が送られてきてから、対象労働者がこの助成金の対象であることを知って、それからはじめて雇用保険の加入手続きをしたこともありました。つまり、あとから手続きしても受給する可能性のある助成金だということです。

普通、助成金で多いのは、もらう前に何かしないといけないというものです。ですが、この助成金ではもらう前にすることといえば、「ハローワークからの紹介によること」というものくらいです。つまり、60歳以上65歳未満の人や母子家庭のお母さんや、障害者をハローワーク等からの紹介という形で雇い入れるのであれば、ほぼ対象になるという点が特徴的です。

しかも、申請書自体、ハローワークの方から送られてくるわけです。その書類には、ご丁寧にも、いつかいつまでに手続きしてくださいねと書いてあります。そろえる書類自体もそれほど難しいものはありません。あとは、短時間労働者（週の労働時間が20時間以上30時間未満の人）であっても助成金の対象になります。これも雇用主にとっては優しい点です。

○キャリアアップ助成金（正規雇用転換コース）
「キャリアアップ助成金」は、現在、政府が一押しの助成金です。安倍総理も国会答弁で何度となく「キャリアアップ助成金」を口にしています。
「非正規雇用の若者たちには、キャリアアップ助成金を活用して正規雇用化を応援します。魅力ある中小企業がたくさんある。そのことを若者たちに知ってもらうための仕組みを強化します。」（平成28年2月12日第１８９回国会における安倍内閣総理大臣施政方針演説で）
要するに、「非正規雇用」を「正規雇用」に転換していく手助けをする。これがこの助成金の趣旨です。ざっくりいうと、非正規雇用の人、つまり、パート・アルバイト、有期雇用（期間の定めのある雇用契約）などの非正規の人を今現在、雇用していて、その人たちを正規雇用に転換する予定があるのであれば、この「キャリアアップ助成金」の対象になりえます。つまり、キャリアアップ助成金は１名でも雇う人がいれば受給できる助成金です。

介護事業所はこの助成金を利用することが多いことが想定されます。今後しばらくの間は、この助成金を上手に活用しながら経営していくことは、介護事業所にとっては必須と言っても過言ではありません。キャリアアップ助成金は対象となる労働者がそもそも雇用保険に加入していないと助成金の対象になりません。対象となっている非正規労働者であって、なおかつ雇用保険に加入していて初めて、助成金の対象になってくる話につながります。

よくあるのが、「あのアルバイトはちょっと使えるから、じゃあ、そいつを正社員にしたら助成金がもらえるんだ」というような話です。もちろん、「あのアルバイト」でもいいのですが、その「あのアルバイト」という人が、実際に雇用保険に入っていないと対象になりません。その点は要注意です。

さて、その他の注意点をいくつか書いていきましょう。

・有期雇用契約の期間は６カ月以上ないといけない

正規雇用化すると受給できるのがこの助成金ですが、その非正規雇用の期間は６カ月以上ないといけません。逆にいえば、正規雇用化する前に６カ月以上の有期雇用契約にすれば受給の対象になるということです。よくあるのは試用期間３カ月で正社員化するというようなものです。６カ月以上でないと対象になりませんから、これではキャリアアップ助成金の対象にはなりません。試用期間というのを６カ月以上の有期雇用契約にしないといけないわけです。

・正社員化する規定を就業規則に設けないといけない

就業規則に正社員転換の規定がないといけません。たとえば、「6カ月以上の有期雇用契約の社員は、本人からの申し出と上長の推薦によって、正規雇用に転換する試験を受け、それに合格した場合には、正規雇用に転換することがある」といった規定を作ればいいだけです。

この際の注意点は、転換時期です。たとえば、「転換時期は4月1日とする」と就業規則に書いてしまうと、それ以外の時期の正規雇用への転換があった場合、助成金の受給の対象外になってしまいます。

そのため、「正規雇用への転換の時期は、随時とする」としておけば、いつ正規雇用に転換しても助成金の受給対象になります。ほんのちょっとしたことですが、注意が必要です。

また、従業員数が10名以下の場合、本来は就業規則の届け出義務はありません。ですが、就業規則の届け出をして、労働基準監督署の受領印のある就業規則を出したほうが話が早いです。仮に、従業員の数が10名以下で、就業規則の届け出義務のない会社の場合、従業員全員が就業規則について同意しているという書類を提出する必要があります。少し書類が煩雑になるため、従業員数10名以下の事業所についても、就業規則を出してしまったほうが手続きは楽になります。

巻末資料（資料Ⅰの第7条）で、就業規則の記載方法については、キャリアアップ助成金の正社員雇用転換コースを意識した規定を記載しています。就業規則作成の際の参考にしてみてください。

・キャリアアップ助成金を活用しようとする従業員さんの雇用保険の手続きは「有期雇用契約」「パート」などの非正規雇用の形にする

これは、実際に申請した時に指摘されることがあるポイントのようです。雇用保険の資格取得時に「有期雇用契約」とか「パート」とかいった形で資格取得の手続きをしていないと、助成金の申請をした後に指摘されることがあります。

あまり知られていないことですが、実は助成金というのは都道府県によって基準がまちまちです。この資格取得時の区分が「有期雇用契約」や「パート」になっている人を正規雇用に転換するというのをチェックポイントにしている都道府県もあるようです。あとからこうした点を指摘されないためにも、キャリアアップ助成金を使う予定のある人を雇う場合には、資格取得時に最初から非正規雇用の形態である「有期雇用契約」や「パート」などとして手続きするようにしましょう。

・時間外労働があれば時間外労働をきちんと支払う

助成金と一見関係なさそうですが、時間外労働に対しての時間外手当をきちんと支払っているのかというのはチェックポイントになっているようです。時間外労働があるのに時間外手当が支払われていないと、この助成金を受給できないケースもあるようです。

たとえば「定額時間外手当」として、一定の金額を時間外手当として支払っているものとして労働契約を結ぶなどは一つの方法です。

・タイムカード（出勤簿）と賃金台帳をチェック！

助成金の受給の際にはたいてい、タイムカードのコピー（もしくは出勤簿）や賃金台帳を提出します。これらの書類の記載がきちんとなっているのかを確認しましょう。たとえば、休憩時間があるのであれば、そういった情報もタイムカードにも記載したほうがいいでしょう。賃金台帳も労働時間や労働日数を記載してあるのかを確認しましょう。

「給与計算は会計事務所に依頼してあるから大丈夫」といっても、労働時間数や労働日数が記載されていない賃金台帳を出してきたりします。会計事務所に給与計算を依頼していて会計事務所から賃金台帳を出してもらう場合、賃金台帳に労働日数や労働時間数の記載がなければ書いておいたほうが丁寧です。助成金の申請時に労働日数や労働時間数などの情報をきちんと書いてあるかどうかを確認したほうがいいでしょう。

・就業規則の内容もきちんと確認！

ある労働局にキャリアアップ助成金の書類を提出したところ、定年年齢の記載について質問をされたことがありました。キャリアアップ助成金の受給に際しては直接は関係しない部分です。ですが、就業規則はキャリアアップ助成金に関連する部分（社員への転換規定があることなど）だけをチェックしているわけではないことがよくわかります。育児休暇制度があるのか、正社員特有の手当てがあるのかなど、正社員への転換規定以外の部分も確認されます。キャリアアップ助成金の受給の際には、正社員への転換規定以外も改めて確認してみましょう。

・正社員へ転換する旨をきちんと労働契約書に記載する

まず、このキャリアアップ助成金を受給するには、きちんと労働契約書を交わしていないと受給できません。そして、その労働契約書には、正社員へ転換する場合「正規雇用への転換」を明記した契約書であるとわかりやすいです。つまり、受給につながりやすいということです。「○月○日からは就業規則第○条の規定に従い、正規雇用として採用するものとする」といった一文を労働契約書に記載するということです。契約書に記載があれば、正規雇用への転換は一目瞭然ですから、こうした文面をきちんと記載したほうがいいでしょう。

なお、平成30年4月以降に正規雇用に転換する場合、ルールが変わりました。正規雇用に転換する前と転換したあとを比較して、正規雇用の転換前より転換後の給与が5％以上、上がっていないといけません。この給与の昇給の話は時間外手当や歩合部分の給与がある場合には除かれます。また、有期契約労働者からの転換の場合、対象労働者が転換前に事業主で雇用されていた期間が３年以下に限ることになりました。注意が必要です。

キャリアアップ助成金の受給額は下記の通りです。

○65歳超雇用推進助成金（65歳超継続雇用促進コース）

この助成金は介護事業所にはとても向いている助成金です。現在、介護事業所の経営者の方でしたら、従業員に60歳以上の高齢者がいらっしゃいますでしょうか。介護事業所は働いている従業員さんも高齢の方が多くいらっしゃるので、現実に60歳以上の方が活躍している事業所も多いはずです。他の業種では、この助成金は該当する可能性があまり高くないかもしれませんが、介護事業所に限っては、この助成金は使える可能性が高いです。

まずは自社の就業規則で定年年齢が何歳になっているかを確認してみましょう。定年年齢後も引き続き雇用している方がいる場合、その方が1年以上雇用保険に加入しているかを確認してみてください。その両方とも該当するのであれば、この助成金に該当する可能性があります。

該当する60歳以上の方がいらっしゃる場合、「65歳以上への定年引上げ」「定年の定めの廃止」「希望者全員を対象とする66歳以上の継続雇用制度の導入」のいずれかを導入した事業主に対して助成金が出るというものです。

では、いくら受給できるのでしょうか。定年引上げ等の措置の内容や年齢の引上げ幅、

	通常の場合	生産性要件に該当する場合
① 有期 → 正規	57万円	72万円
② 有期 → 無期	28万5,000円	36万円
③ 無期 → 正規	28万5,000円	36万円

※　該当する者1名あたりの金額です。（1年で20名が上限です）
※　生産性要件に該当すると右の金額になります。
※　大企業は上記とは金額が異なります。

60歳以上の雇用保険被保険者数に応じて、下表の金額が支給されます。
定年引上げと、継続雇用制度の導入を合わせて実施した場合の支給額はいずれか高い額のみとなります。また、定年引上げ等実施後2カ月以内に支給申請しないといけません。申請先はハローワークではなく、雇用保険の適用事業所の主たる所在地のある独立行政法人 高齢・障害・求職者雇用支援機構（高齢・障害者業務課）です。間違いないようにしましょう。

○小規模事業者持続化補助金

小規模事業者持続化補助金とは、人口減少や高齢化などによる地域の需要の変化に応じた持続的な経営に向けた取り組みを支援するものです。創意工夫によって、地道に販路開拓をする事業主を支援するという目的のある補助金です。

この補助金は次の1、2に関する**コストの3分の2**、**最大50万円**が補助金として支給されるものです。

1．**国内に限らず、国外市場の販路拡大のマーケティング、広告宣伝費**

2．**業務効率化のためのコスト**

1．はイメージしやすいかと思います。広告宣伝に要する費用、ウェブ

旧定年年齢を上回る65歳以上への定年引上げ

措置内容	65歳への定年引上げ（5歳未満）	65歳への定年引上げ（5歳）	66歳以上への定年引上げ（5歳未満）	66歳以上への定年引上げ（5歳以上）
対象被保険者数1～2人	10万円	15万円	15万円	20万円
3～9人	25万円	100万円	30万円	120万円
10人以上	30万円	120万円	35万円	160万円

定年の定めの廃止、旧定年年齢及び継続雇用年齢を上回る66歳以上の継続雇用制度の導入

措置内容	定年の廃止	66～69歳の継続雇用への引上げ（4歳未満）	66～69歳の継続雇用への引上げ（4歳）	70歳以上の継続雇用への引上げ（5歳未満）	70歳以上の継続雇用への引上げ（5歳以上）
対象被保険者数1～2人	20万円	5万円	10万円	10万円	15万円
3～9人	120万円	15万円	60万円	20万円	80万円
10人以上	160万円	20万円	80万円	25万円	100万円

サイト構築・回収に伴う費用に関しての補助金です。
２．は具体的には、労働時間短縮のためのコンサルを受けたり、作業効率を上げるための店舗の改装、ＩＴ導入コストなどが対象となります。

ただし、いくつか注意点があります。まず、これは年度ごとの申請で、締め切りの期限があります。この補助金の活用を考えている場合、経済産業省のホームページや商工会議所からの情報などで募集要項と締切期限を確認する必要があります。年に何回か募集要項が発表されますのでその情報を見逃さないことが肝要です。

また、法人、個人は問いませんが、従業員５名以下（宿泊業・娯楽業・製造業その他は20名以下）の事業者が対象となっています。この従業員数には役員自身やパート・アルバイトは含めないで計算できます。医師、医療法人、宗教法人、ＮＰＯ法人、学校法人、任意団体は対象となりませんが、普通法人で経営している介護事業所は対象になります。

それから、事業計画の書き方もポイントです。「自社の強み」は何なのか、「自社の商品の強み」は何なのか、「対象とする市場」は何なのかといった点が客観的に書かれていないといけません。特に自社のサービスのどういう点が強みなのかをきちんと把握してそれが書かれていないといけません。申請には、「経営計画」を作成し、商工会もしくは商工会議所の承認を受ける必要があります。ある程度、書類を作成したら商工会もしくは商工会議所に予約の電話を先にしておいたほうがいいでしょう。といいますのも、締め切り間際になりますと、十分な時間をとって相談することができないことがあるからです。

それから、補助金は先に経費の支出があった後、あとから入金されます。また、補助金の交付決定があった後に発生した経費のみが対象になりますので注意が必要でしょう。とはいえ、この補助金は、数ある補助金の中でも比較的受給しやすい補助金です。介護事業所の場合、パート・アルバイトを除いた従業員数が5名未満であれば該当します。受給することを検討してみてはいかがでしょうか。

助成金や補助金というのは、ローカルルールも多く、労働局などの窓口によって取り扱いが微妙に異なる部分も多いです。結構、細かい点が問題になることも多いので、助成金や補助金を上手に受給して介護事業所の経営に役立てようとするのでしたら、助成金や補助金の**ポイントがわかっている社労士などの専門家にやってもらったほうがスムーズに受給できます。**専門家への依頼という選択肢も含めて介護経営に助成金・補助金を活用する方法を検討してみましょう。

②「ヒト」を重視した経営が介護事業所の経営基盤を支える

労働力に対する依存度が高い産業を「労働集約型産業」といいます。介護事業所は典型的な「労働集約型産業」です。つまり、「ヒト」を大事にした経営をしないと介護事業所の経営自体が成り立たなくなってしまうわけです。

一方で、介護事業所は他の業種に比べ、離職率が高いといわれます。これは本当なのでしょうか？　介護労働安定センターの行なっている「介護労働実態調査」（平成28年度）によると、介護職員の離職率は平成25年以降は16～17％で推移しており、ほとんど変化がありません。全産業の平均は15％ですから、介護事業所の離職率が特別高いかというと、そんなことはないのです。

では、なぜ介護事業所は離職率が高いというイメージがあるのでしょうか。介護労働安定センターの「介護労働実態調査」では、離職率の中身を「正規雇用」と「非正規雇用」に分けてデータを出しています。介護職員全体で、正規雇用の離職率が１４・７％である一方で、非正規雇用の離職率は２１・３％と高くなっています。

つまり、介護事業所の離職率が高いというのは、実は「非正規雇用の離職率が高い」という話だったというわけです。この実態を踏まえて介護事業所はどのように経営していったらいいのでしょうか。

○正規雇用に適用する退職金制度を整備していく

データから見て取れるのは非正規雇用への転換が介護事業所には必須であるということです。正規雇用と非正規雇用の大きな違いは退職金や賞与の有無という点です。ところが、その退職金規定自体がないと、そもそも正規雇用になっても従業員側からするとうまみがないわけです。その結果、会社自体が選ばれなくなってしまいます。退職金がない介護事業所はそもそも求人の段階で選ばれない可能性があるわけです。

介護事業所の退職金規定として運用するのに適していると私が考えているのは中小企業退職金共済（中退共）です。中退共というのは「国が作った退職金制度」です。この制度の運営は「独立行政法人勤労者退職金共済機構」がやっています。

どのような仕組みかというと、まず、事業主と機構が中退共の契約を結びます。掛け金は事業主が機構に毎月、支払います。そして、実際に掛け金の対象になっている従業員さんが退職したら機構から直接、本人に退職金が支払われます。この制度がわかりやすいのが、事業主が機構に支払う掛け金は全額事業主負担で、全額損金（個人事業だったら全額必要経費）ということです。経理処理も簡単です。なにより仕組みが単純でわかりやすい。これは大きな特徴です。

加入には条件があります。次の条件を満たす企業が加入できます。

・一般業種……常用従業員数３００人以下または資本金３億円以下

・卸売業……常用従業者数100人以下または資本金1億円以下
・サービス業……常用従業者数100人以下または資本金5千万円以下
・小売業……常用従業者数50人以下または資本金5千万円以下

原則としては、従業員全員を加入させないといけませんが、定年などで短期間で退職することが明らかな従業員や休職中の従業員、有期雇用契約労働者は加入させなくてもいいことになっています。また、法人の役員だったり、小規模企業共済制度に加入している場合には、そもそも加入できません。また、最近変わったこととして、同居の親族のみを雇用する事業所についても一定の条件のもとに加入できることになった点です。家族経営の会社でもこの制度を使えるのは魅力です。

掛け金は月額5000円以上3万円未満で1000円から2000円刻みになっています。

実際に支給される退職金を見てみますと、掛け金1万円で3年（36カ月）かけた場合、退職金は36万円です。つまり、払った金額と同額ということです。それが同じ1万円を4年（48カ月）かけると48万1700円、5年（60カ月）かけると60万8200円となります。つまり、払った金額よりも多く退職金が支払われるということです。この辺は実際の掛け金を決める際の参考になりそうです。

よく考えてみてほしいのですが、従業員さんの退職金をねん出するのに積立するという方法もあります。しかし、積立はあくまで積立です。経理上は、

（積立金）×××（預金）×××

となるだけで、税金は減りません。しかし、中退共は

（保険料【もしくは福利厚生費】）×××（預金）×××

となり、費用に計上できます。つまり、その分、税金が減るわけです。これも中退共の大きな特徴です。

さて、この中退共のさらに特徴的な部分について2点ほどご紹介いたします。

・掛け金の助成がある

初めて中退共に加入する事業所は月額2分の1（上限5000円）を加入後4カ月目から1年間、国から助成してもらえます。また、1万8000円以下の掛け金を増額する場合には増額した金額の3分の1が助成されます（月額2万円以上の掛け金からは増額の対象にはなりません）。

・転職後も前の企業の掛け金期間を通算できる

前の会社でも中退共に入っている場合で、仮にその会社を退職した時に退職金をもらわずに退職した場合には、前の会社と今の会社の中退共の加入期間を通算できます。期間が長ければ退職金の金額も増えるので、お得な話です。

さて、この中退共ですが、一点、注意点があります。それは、この制度は従業員の請求によって支払われる制度であるため、退職事由のいかんにかかわらず、本人に退職金が支払われるということです。ですから、たとえば懲戒解雇の従業員にも退職金が支払われるということになります。実際、この点を嫌がる事業主さんも多いです。

実務上は、たとえば、「勤続年数3年以上になったら中退共に加入できる」とかにしたらどうですかというようなことをお伝えしています。実際、会社にとってあまりいいとはいえない従業員さんというのは入社3年目くらいまでに何かやらかしてしまうことが多いです。逆に、3年たてば、その従業員さんがどの程度の働きをするのかはわかるようになると思います。それから中退共の加入をすれば少しはデメリットを軽減できるのでは？　という話をします。

安定的でわかりやすく、かつ、節税にもつながる中退共。私はこの制度は中小企業に向いている退職金制度だと思います。是非、検討してみてはいかがでしょうか？

○処遇改善加算Ⅰを取って従業員に還元していく体制を整備する

正規雇用と非正規雇用の違いには退職金や賞与の有無という点があるというのは先ほど書きました。では、賞与の支給の源泉（どこから賞与の支給の金額をねん出していくのか）はどうするのか、という問題があります。その答えが処遇改善加算金です。

処遇改善加算とは、介護職員に向けて賃金規定を整備し、研修を実施するなどして資質の向上に努め、昇給していく仕組みを導入した会社に対して支給される加算金の制度です。介護職員を雇用する事業所は必ず知っておかないといけない加算制度です。この処遇改善加算で支払われたお金を原資に、正規雇用の従業員に賞与等で払いだしていくということです。

処遇改善加算はⅠからⅤまであり、処遇改善加算Ⅰに該当する介護事業所については職員1人あたり月額3万7000円相当になる加算金が支給され、以下、処遇改善加算Ⅱについては月額2万7000円相当、処遇改善加算Ⅲについては月額1万5000円相当、処遇改善加算Ⅳについては月額1万3500円相当、処遇改善加算Ⅴについては月額1万2000円相当支給されるとされています。

現在、処遇改善加算Ⅰという一番高い処遇改善加算金を受け取るには「キャリアパス要件Ⅲ」というのをクリアしないといけません。その前にまず、キャリアパス要件Ⅰとキャリアパス要件Ⅱとは何でしょうか。

キャリアパス要件Ⅰ……職位・職責・職務内容等に応じた任用要件と賃金体系を整備すること

キャリアパス要件Ⅱ……資質向上のための計画を策定して研修の実施または研修の機会を確保すること

では、「キャリアパス要件Ⅲ」とは何でしょうか。

キャリアパス要件Ⅲとは「経験もしくは資格等に応じて昇給する仕組み、または一定の基準にもとづき定期に昇給を判定する仕組みを設けること」となっています。

つまり、①経験　②資格　③その他の基準　に基づいて昇給する仕組みを導入するということです。どういうことでしょうか。

まず、経験。これは簡単です。たとえば、まず前ページのような賃金テーブルを導入します。

横軸のA、B、Cというのはその職員のランクです。

たとえば、Aランクは未経験者、Bランクは一般職員、Cランクは他の職員を指導できる職員といった形で分類します。Aランクの職員は介護の仕事が全く初めての職員です。全く初めての職員がある一定程度、技能が習得できたと判断した場合、Bランクに、さらにその職員が他の職員を指導する地位にある場合にはCランクといった具合で分けます。

そして、縦軸の号俸は、毎年、これを一つずつ上げていくというものです。つまりは、勤続年数によって昇給していく仕組みということです。働いた年数によって昇給していくわけですから、単純でわかりやすいというのが特長です。

では、資格に基づく昇給の仕組みとはどういうものか。今度は前記の表を経験（勤続年数）ではなく、資格によって分けるということです。表のように号俸を、毎年一つずつ上げて、昇給させていくというようなものです。これも資格に紐づいているので割とわかりやすいやり方です。

	A	B	C
1号俸	160,000	180,000	200,000
2号俸	161,000	182,000	202,500
3号俸	162,000	184,000	205,000
4号俸	163,000	186,000	207,500
5号俸	164,000	188,000	210,000
6号俸	165,000	190,000	212,500
7号俸	166,000	192,000	215,000
8号俸	167,000	194,000	217,500
9号俸	168,000	196,000	220,000
10号俸	169,000	198,000	222,500

このように、キャリアパス要件Ⅲというのは、どのように昇給していくのかという仕組みを導入することです。これまでのキャリアパス要件Ⅰやキャリアパス要件Ⅱにはこのように定期的に昇給することは必ずしも約束されていなかったわけです。それを勤続年数や資格といった基準によって、昇給する仕組みを導入するという話、これがキャリアパス要件Ⅲです。

ちなみに、「または一定の基準にもとづき」昇給する仕組み、とあることから、勤続年数や資格以外の物差しを使って昇給する仕組みを導入することもＯＫです。

「能力」、つまり、仕事の出来具合ということですが、これは客観的に評価するのが難しいです。難しいですが、何か物差しを作れば、能力で昇給するというのも〝アリ〟ではあります。

さて、ここまで読んできて疑問に思う方もいらっしゃるでしょう。つまり、「キャリアパス要件Ⅰを取って定期昇給する仕組みを作る一方で、実際、今後、介護報酬自体は上がっていく保証はない。それなのに、『毎年定期昇給』なんてできない」というような話です。もっともな話です。

解決策になるかどうかはわかりませんが、たとえば、前記の号俸のピッチ（刻み）を小さくするのも一つの方法です。毎年、昇給は

	無資格	ヘルパー2級 初任者研修	介護福祉士	PT/OT（機能訓練士）	看護師
1号俸	160,000	180,000	200,000	210,000	220,000
2号俸	161,000	182,000	202,500	213,000	225,000
3号俸	162,000	184,000	205,000	216,000	230,000
4号俸	163,000	186,000	207,500	219,000	235,000
5号俸	164,000	188,000	210,000	222,000	240,000
6号俸	165,000	190,000	212,500	225,000	245,000
7号俸	166,000	192,000	215,000	228,000	250,000
8号俸	167,000	194,000	217,500	231,000	255,000
9号俸	168,000	196,000	220,000	234,000	260,000
10号俸	169,000	198,000	222,500	237,000	265,000

するけど、基本給の部分は５００円ずつにするとか、そういうことです。ただ、それだけだと、やる気があって能力の高い職員に不満が出てしまいます。もしピッチを小さくするのであれば、並行して、能力給の制度を設け、そこで評価が高い職員に手当を多くつけるとか、そういった方法を同時に検討することが必要だろうと思います。

また、キャリアパス要件Ⅲはそもそも毎期、定期昇給するというところまでは要求していません。昇給する仕組みを作ればキャリアパス要件Ⅲはクリアされます。昇給するかどうかは最終的には個々の従業員次第という形にすれば、毎期、定期昇給することを約束しなくてもいいわけです。

あるいは、処遇改善加算Ⅰを選択しないといけないということでもありません。処遇改善加算Ⅰは採らないということもありうるかもしれません。しかし、この場合、処遇改善加算Ⅰを選択している他の事業所にいい職員が集まってしまうということもあり得ます。ただでさえ、人材が不足している介護業界なのに、処遇改善加算Ⅰを選択しないことが原因で能力の高い職員の人材流出につながってしまうことにもなりかねません。

また、実際、平成29年４月のサービス提供分で、処遇改善加算Ⅰを選択している介護事業所は全体の６４・８％に上るそうです。大多数の事業所が処遇改善加算Ⅰを選択していることからしても、処遇改善加算Ⅰを選択しないという選択はないのではないかと思います。

処遇改善加算は今後、さらに改正があり、キャリアパス要件Ⅳというのができる予定です。キャリアパス要件Ⅲまでは実は昇給するかしないかは最終的には事業所の判断によるところが大きかったのですが、新しくできるキャリアパス要件Ⅳについては、勤続年数によって昇給するなど、昇給していくことを明確化させることが目的のようです。

新しいキャリアパス要件Ⅳの動向も含め、どう対処していくのかは、介護事業所の経営を左右しうることにもなると思います。いずれにせよ、以前にも増して処遇改善加算を利用した経営は必須になってくるでしょう。

○働きやすい職場づくりを目指して

介護労働安定センターの「介護労働実態調査」によると、介護の仕事を辞めた理由で一番多いのが「結婚・出産・妊娠・育児のため」で、ついで「職場の人間関係に問題があったため」でした。

また、独立行政法人経済産業研究所の調査によると、仕事の満足度に対する調査で次のように報告しています。

「仕事満足度が最も高いのは、自営・家族従業者である（5・86％）。次いで、正社員（5・68％）、パート・アルバイト（5・61％）であり、最も低いのは派遣労働者（4・87％）である。

失業の不安（略）、仕事からの精神的なストレス（略）をみると、派遣労働者の失業の不安が最も高く（0・59％）、正社員の仕事からのストレスが最も高い（1・27％）。パート・アルバイトは、失業の不安が小さく（▲0・13％）、仕事からのストレスも小さい（0・99％）。

派遣労働者の仕事満足度が低い背景には、雇用に対する不安があること、その逆に、パート・アルバイトの仕事満足度が高い理由は、相対的にみて、雇用が安定的であり、仕事から生じる精神的なストレスが小さいことが挙げられる。正社員は、雇用は安定的であるものの、仕事からのストレスが高いため、仕事満足度はそれほど高くない。」

非正規雇用の問題点は「失業した時の心理的不安」があることです。一方で、正規雇用の問題点は「仕事へのストレス」があることだというわけです。これらを踏まえると、介護事業所で働きやすい職場づくりをしていくには、正規雇用への転換と同時に、その正規雇用化した人たちが続けて働いていきたいという雰囲気作りが大事だということです。

職場によっては「従業員さん同士であまり話をしない」とか、「社長（経営者）自身が従業員さんとあまり話をしない」とかいうことがあると思います。１日仕事をして、まったく会話をせずに（業務連絡程度の話だけで）一日終わったとか、そういうことはないでしょうか？

「遊びに来ているわけじゃないんだから話なんかしなくていい」とか「従業員と仲良くする必要はない」なんて話をする人もいます。

経営者の中には「従業員同士が仲良くするとろくなことにならないから、アフターファイブで従業員と遊びに行くことは厳禁」などという社長もいらっしゃったりするようです。考え方にもよるでしょうが、私はやはりコミュニケーションを取ったほうが職場の雰囲気も良くなり、いいと思います。

そこで、私がよくお勧めしているのが「ブレストランチ」です。要は、「お昼を一緒に食べに行く」ことです。コミュニケーションをとる、という話をすると年配の男性の方は特に、「お酒を一緒に酌み交わす」ということを発想します。それはそれで悪くはないと思います。ですが、はっきり言います。私に言わせれば「ちょっと古い」です。

今の若い人（特に20代）は、基本的には仕事の関係の人たちと、仕事が終わった後に呑みに行って、仕事の話をされて、疲れて帰ってくる。こんなことは極端に嫌がります。ですが、上司に誘われれば行かざるを得ません。面白くなくても……。この状況でコミュニケーションをとるのは、ちょっと難しい。私はそう思います。

そこで、ブレストランチです。お昼を食べない人って、あまりいません。必ず昼食は取ると思います。昼食代を会社で出してもらえるのであれば、ほとんどの人が参加してくれるはずです。しかも、通常は夜、食事に行くよりも、昼のブレストランチの方が安上がりです。

夜、飲みに行くほど嫌がられず、安上がりで、しかもブレストランチの場合、時間が限られています。夜であれば、終わりの時間は決まっているようで決まっていません。特に、家庭のある人にとってはこれは迷惑と思われがちです。女性は特にそうでしょう。

ということで、私は多くの社長さんに「ブレストランチでコミュニケーションを図る」ことを職場の環境改善の一環として提案しています。

さて、このブレストランチですが、いくつかポイントがあります。

・あまり仕事の話はしないようにする
・5人から6人以内の少人数で行くようにする
・1カ月~2カ月おきなど、一定の期間を決めて行くようにする。

こんなところでしょうか。

人数を少なくするのには、意味があります。どうしても10人以上とかの大人数で行くと、しゃべる人としゃべらない人が決まってきます。少人数で行けば、しゃべらざるを得ないですし、たとえばあまりおしゃべりしない人でも、何度か一緒に行けば、少しずつしゃべってくれるようになるものです。会話してみると「へえ~、こんなこと考えてたんだ」とか「こんな趣味あるんだ」とか、意外な側面も垣間見られるはずです。そこが狙いです。

職場の雰囲気づくりに是非、検討してみてください。

③特長のある介護事業所へ

「ブルーオーシャン」とか「レッドオーシャン」とか聞いたことはあるでしょうか。

ブルーオーシャンというのは、「競合相手が少ない」ということです。レッドオーシャンというのは、反対に、「競合相手が多い」ということです。この考え方は経営にとってはとても重要です。競合相手が少ないほうがやはり有利なわけです。さて、これを介護サービス業に当てはめて考えてみましょう。

「通所介護」いわゆる、デイサービスは、最近はあちこちに見かけるようになりました。デイサービスはレッドオーシャンでしょう。しかし、必ずしも、「レッドオーシャン」＝「経営的に不利」だからデイサービスはやらないほうがいいと言っているわけではありません。たとえば、同じデイサービスでも、他と違う何かがあれば、それは「差別化」につながります。要は、この「レッドオーシャン」「ブルーオーシャン」というのを意識してやっているのかが問題なわけです。

さて、特長のある介護事業所を目指して、「レッドオーシャン」で戦うのか、「ブルーオーシャン」を見つけて戦うのか。これは介護事業所の経営者次第でしょう。

ここで、「介護保険外サービス」のいくつかの事例をご紹介していきましょう。

○介護事業所による障害者福祉サービス

訪問介護の事業所で多く見られる形態として、介護保険の訪問介護と障害者福祉の居宅介護、重度障害、行動サービスに進出することがあります。訪問介護の事業所は、介護保険の訪問介護の要件を満たせば、障害福祉の要件も満たしているものとして、いわゆる「みなし指定」を受けることで、居宅介護、重度障害などの障害福祉サービスの提供もすることができます。

このメリットは、訪問介護と同じ職員を障害福祉の職員に充てることができることです。

この障害者の訪問介護ですが、一般的には「障害児」が多いです。また、ALSなど重度の障害者も多く、ある程度の経験値がないとサービス提供が十分にできない可能性があります。また、経営上難しいのは、こうした障害福祉のサービスの提供にあたっては利用者本人よりはご家族とのトラブルが多いことです。利用者自身にトラブルが多く、事業所を転々としている人が多いことからもわかります。実際に運営していくのは難しいということは承知しておく必要があります。介護保険の訪問介護とは全く違う業種であると認識したうえで、障害福祉への進出を検討していく必要があるでしょう。

ただ、職員が兼任できることから、前記のようなことがうまくクリアできれば経営は安定していくことが期待されます。障害福祉に精通した職員を配置するなどができれば、介護保険の訪問介護と障害福祉の居宅介護、重度障害に進出する検討をしてもいいのではないかと思います。

○訪問介護における介護保険外サービス

訪問介護においての介護保険外サービスにはどんなものがあるでしょうか?

まずは、家事代行サービスです。家の中の整理整頓や病院の付き添い、安否確認などが主な内容です。親御さんとは離れたところに住んでいる家族に代わり、毎月一定期日に訪問して、家族にそうした状況を報告するというものです。警備会社のセコムがやっているサービスです。また、家の掃除をしたりするサービスの提供をしている会社もあります。

訪問介護の大手である「やさしい手」では、月1回の訪問で日常の困りごとをサポートするサービスを提供しています。イオングループでは、「年末の大掃除パック」というサービスを提供しています。いずれも現状の介護サービスの延長でサービス提供をするという部分に特徴があります。

○デイサービスにおける介護保険外サービス

一人暮らしの高齢者が地域住民と気軽に交流ができるコミュニティカフェというのがあります。これは、デイサービスの延長としてサービスの提供をしています。主に、土曜日・日曜日など、デイサービスの事業所が休みの日にカフェとして運営するというものです。地域の交流の場、寄り合い所として活用しつつ、デイサービスとして利用していない空き時間を有効に活用しているわけです。

また、平日はリハビリデイサービスとして、夜間や土日・祝日にはフィットネスやヨガスタジオとして活用するという形で運営している法人もあります。フィットネスやヨガスタジオからリハビリデイサービスの利用者の紹介が出たり、リハビリデイサービスの利用者からフィットネスやヨガスタジオの利用者が出たりして、相互の経営の安定化につながっています。

また、コナミスポーツクラブでは、60歳以上を対象にしたフィットネスも展開しています。50歳以上向けの健康水泳教室もあります。これらも、リハビリデイサービスの発展形として捉えることができるでしょう。

介護保険外サービスの提供を考えることは自社を守るためにも必要です。介護保険は3年に1回、大きな改正があります。そのたびに、改正の影響を受けてしまうのは仕方のないことです。介護事業所の経営者はそうした介護全体の経営環境を考え、介護保険外サービスを検討していかないと経営が立ち行かなくなる事態になりかねません。介護保険外サービスを検討することは、経営基盤を安定化することにもつながるわけです。

第5章

介護事業所経営者に聞いてみよう！

実際に介護事業所を経営されている経営者の皆様に経営上の悩みや問題点、今後の展望など、いろいろなお話をインタビューしてみました。

今回は、居宅介護支援事業所（ケアマネージャーの事務所）を経営されている方、デイサービスやショートステイ、グループホームなどを経営されている方、訪問介護の事業所を経営されている三人の方たちにご協力いただきました。実際に介護事業所を経営されている皆様は、ご自身に重ねてみてください。また、これから介護事業所を経営されようとしている皆様は是非、参考になさってみてください。

A社は居宅介護支援事業所を経営されています。ご自身もケアマネージャーである一方、ケアマネージャーを雇っており、今後もケアマネージャーを何人か雇っていく予定でいらっしゃいます。居宅支援事業所を経営することの悩みは何なのか、聞いてみましょう。

田邉（以降Ｔ）：今回はご協力いただきありがとうございます。早速ですが、居宅介護支援事業所を立ち上げることになった経緯をお教えいただけますか？

Ａ社社長（以降Ａ）：ケアマネージャーとして勤務をずっと続けていましたが、やはり独立してみたいと思ったことがきっかけです。これまでの経験を活かして、思い切ってやってみようと思い立って、勤務していた社会福祉法人をやめて、独立しました。

Ｔ：勤務でケアマネージャーをやっていらっしゃったのと、経営者ではやはり立場がずいぶん違うのではないでしょうか。経営者になってから一番困ると思ったことは何でしょうか？

Ａ：書類の整理や電話対応とか、本来のケアマネ業務以外のことが意外と多いことです。時間は取られるし、それが大変だと思いました。勤務の頃は電話なんかはできるだけ出ないようにとか、余計な仕事が振られないようにしていました（笑）。ケアマネージャーの仕事自体はやっていることは同じなので、ケアマネ業務自体は勤務のころと変わりませんが、今までやったことのないこと、たとえば、経理処理もやらないといけなかったり、ずいぶんといろんなことを一人でやらないといけないので、それが大変ですね。

T：確かにやったことのないことをやらないといけないというのは大変ですからね。それ以外に困ったことは何かありましたか？

A：一番困ったのは、お金のことだったり、従業員さんを雇ったほうがいいのかといったことだったり、この先この居宅の事務所をどういう方向にもっていくのかだったり、そういう経営全般に関することを相談できる相手がいなかったことです。最初に頼んだ税理士は、まったく介護の事業所のことをわかっていない人だったので、相談できる相手ではありませんでした。介護事業所のことをまったく知らないので、まず、説明するのが大変でした。

毎月、税理士の事務所にこちらから出向くのですが、毎月毎月伺うのが正直、苦痛でした。毎回、同じようなことを説明しないといけませんし、介護の経営の相談ができる相手ではないですから、そうすると話をすることが正直、ないんです。このままでいいのかなあと悩んでいました。縁があってこちらにお願いして介護事業所の経営に関することを相談ができるようになったことは、とても良かったと思っています。今はケアマネ業務以外のことで悩みがあったら相談できるので、本来のケアマネ業務にだいぶ専念できるようになりました。本当に助かっています。

T：お役に立てるようにこれからも頑張ります。

さて、ケアマネージャーの居宅支援事業所も今回の平成30年改正でかなり大きく変わりました。特定事業所加算（ケアマネージャーが3人以上いる事務所で初めて取れる加算）が取れるかとれないかで、居宅支援事業所として独り立ちできるか、もしくは他の事業所と合併するか、そういう状況になってきていると思います。

今後、どのように事業展開していこうとされているのか、展望をお聞かせいただけますか？

A：まずは信頼できるケアマネージャーを雇い入れることだと思っています。全く知らない人を雇い入れて、一緒に仕事をするのは事業所が小さいので難しいと思っています。知っているケアマネージャーでいい人がいたら直接、声をかけてみて、そうした人たちとともに事務所を大きくしていきたいと思っています。おかげさまで、信頼できるケアマネージャーが一人入りましたし、今後も2名、雇い入れる予定です。特定事業所加算を取って居宅支援事業所として、地域の中で地位を確立していきたいと思っています。

T：素晴らしいです。これからの居宅支援事業所のあるべき姿、向かうべき方向を体現されていると思います。しかし、人を雇うといろんな問題が派生して出てきます。今後の課題はその辺でしょうか？

A：そうですね。おっしゃる通りです。就業規則の作成、労働契約書の締結とかそういうこともどうしたらいいのかわかりません。手当も何かつけたらいいのかとか、休みはどうするのかとか、人を雇うのは初めてですから全く手探りの状況です。

T：そうですよね。社会保険にも入らないといけなかったりしますしね。そういうことは、やったことがなければどうしたらいいのか、わかりません。あとは人を雇えばキャリアアップ助成金など使える助成金もあります。人を雇えば人件費が以前よりかかるわけですから、助成金を受給しながら賢く経営していく必要があります。その辺は私もお手伝いできる部分ですから、ご安心ください。

A：ありがとうございます。今後も宜しくお願い致します。頼りにしているので、病気とかされないようにしてくださいね。本当に困りますから……。

T：わかりました（笑）。こちらこそ本当にありがとうございます。今後とも宜しくお願い致します。

次はＢ社の社長さんです。

Ｂ社は介護事業所を立ち上げてちょうど10年になります。どんな事業でも10年やるというのは一つの目標です。10年継続する事業というのがどのくらいの確率があるのか、明確なデータはありません(国税庁のデータで6・3%とするデータがあるという情報が一部にあるのですが、このデータは真偽の程が確かではありません）が、実感としては、10年続く会社は、だいたい半分くらいという感じではないかと思います。

Ｂ社はショートステイ、デイサービスの他にグループホームも展開しています。10年も介護事業所を経営すればそれなりに悩みも多いはずです。

介護事業所の経営上、どんなことが悩みで、今後どのようなことを考えていらっしゃるのでしょうか？お聞きしてみましょう。

田邉（以降T）：早速ですが、お話を伺いたいと思います。

10年も介護事業に携わっていらっしゃって、これまで介護事業所を経営していく中で、一番困ったことというのは何でしょうか？

B社社長（以降B）：やはり、稼働日数を安定させることです。相手にするのは高齢者ですから、発熱や体調不良、急に入院することになったりと、いろいろ予定外のことが起こります。そういう想定外のことが起こるとデイサービスでもショートステイでも、急に空きが出てしまいます。そういうのは一定程度の頻度で発生します。ある程度、仕方ないわけです。ただ、当然、空いた分は収入になりませんから、安定した事業所の経営という観点からは困るわけです。

いかに空きが出ないようにするか、空きが出てしまった場合にいかに早くその空きを埋めるか、とにかく稼働率を上げること、それにつきますね。

問題なのは、そういう空きが出た時に現場の管理者がどう対応するのかなんです。空きが出たのだったら現場の管理者が早めに対応しないといけないわけです。現場の管理者の中には、そういうことに対して意識が低い人もいるということです。

T：現場の管理者の教育ということですね。

B：そうです。結局、介護というのはどうしても福祉寄りに考え方が偏りがちになってしまう。それはそれでいいのだけれども、同時に収支のことも考えないといけない。単なる一般の介護職員だったら、それでいいんです。利用者の安全確保、衛生保持とか、利用者目線で考える。ある程度、介護職員として独り立ちできるようになるまで、とにかく利用者目線という感覚でやること。これはできないといけない。介護職員としては最低限のことです。課題はその先です。結局、管理者になったらそれだけでは、ダメなんです。マネージメントができるようにならないといけない。それが管理者の役割です。

T：マネージメントというのは要するに、事業所全体の収支を考えることと、事業所で働く従業員さんの人の管理の側面とその二つですね。

B：そうです。その辺のことを管理者に教育していくというのは大変難しいです。大きな課題です。

T：なるほど。他にはどんなことが経営上、悩みと言えますか？

B：コンプライアンスを遵守する。これも現場の職員も含め、全員がきちんと重く受け止めないといけないことだと思っています。今回の平成30年の介護保険の改正でも、結局、加算を積極的に取っていかないと事業所の運営が成り立たなくなっているわけです。でも、加算を取るということはきちんと書類を整備するとか、契約書とかもちゃんと署名を取るとか、そういう当たり前のことを一つ一つきちんとやらないと加算が取れないようになっているわけです。一つ一つの書類をきちんとする。こういうのも結局、現場の責任者がちゃんと見ていかないといけない。書類の一つ一つに気を配ってやっていかないといけないわけです。

Ｔ：要するに、いろんな意味で現場を管理する責任者の意識が高くないと介護事業所の経営が成り立たないわけですね。

マネージメントという意味では、現場の管理者にも試算表を見せるとかして、数字の意識は持っていただかないといけません。今後は、試算表も見てもらうとかしていったらどうかと思います。そういう部分はもちろんご協力できます。是非、現場の責任者にも実際、経営上のお金のやりくりがどうなっているのか、知ってもらったほうがいいと思います。

Ｂ：わかりました。そうしていきましょう。

Ｔ：あとは、どんなことが課題でしょうか？

Ｂ：大きな視点でいえば、昔と家庭環境がずいぶん変わってしまって、そういうものを介護事業所はもろに影響を受けているということです。家族がだれも介護できないとか、そもそも親族がいても遠くに住んでいたり、子供がいない人も増えているから身寄りがないとか、そういう人も多い。

Ｔ：なるほど。介護事業所の役割がそういう家族の受け皿みたいになっているということですね。そうなると、介護事業所は単に介護事業を経営するだけでなく、社会的な役割が大きくなっているといえますね。

Ｂ：そうなんです。介護の仕方も大変、難しい部分があります。相手にするのは高齢者ですから、自宅では絶対に見せないような姿を見せたり、利用者さんによっては昼間と夜とで全く違う対応をする人もいる。そういう人、一人一人に丁寧に対応していかないといけない。家族との関係がどうなのかも把握したうえで対応しないといけないとか、細かいことを言ったらきりがないですが、本当に難しいと思います。

Ｔ：10年を迎えて、今後はどのように展開していく予定でいらっしゃいますか？

Ｂ：ショートステイ、デイサービス、グループホームと展開していく中で、難しいと感じるのは介護保険法の3年ごとの改正の影響が大きいということです。前回の平成27年の改正ではショートステイが大きな影響を受けました。今回の平成30年改正は、デイサービスが影響を受けています。結局、介護保険法の改正という大きなリスクを常に抱えているということです。その意味で、徐々にショートステイを縮小して、全額自費の高齢者住宅に徐々にシフトしていこうと思っています。

T：介護保険に頼らない、介護保険外のサービスということですね。

B：そういうことです。これまで10年は曲がりなりにもやってきたわけですが、同じことをやっているだけでは、これから5年後、10年後も生き残っていく介護事業所とはならないと思っています。介護保険ではないサービスに形を変えていくことが今後の課題だと思っています。

T：私もその方向に行くべきだと思います。介護保険法は3年ごとに改正があります。3年後どうなっているかの保証はありません。変な話、国のやっていることというのは信頼できない部分があると思うんです。

B：資金繰りのこと、「ヒト」のこと、いろいろ課題はありますが、今後もお願いします。介護保険外のサービスをどう取り入れていくのか、これはどの介護事業所も大きな課題だと思います。

T：こちらこそ、今後とも宜しくお願い致します。

B社は、ショートステイやグループホームもあることから、24時間対応の介護事業所です。こうした介護事業所は、他の介護事業所に比べて労務管理の問題が生じることが多いです。B社も例外ではなく、これまでも様々な「ヒト」の問題に直面してきました。その度に、いろいろな問題を一緒に取り組んできました。

B社の社長さんがおっしゃる通り、5年後、10年後を見据えると、同じようにやっているだけでは生き残っていけません。介護保険外サービスの検討など、介護保険法の周辺のサービスについて検討していくことも介護事業所の大きな課題だと思います。

最後にご紹介するのは、訪問介護の事業所のC社です。

訪問介護はデイサービスと並んで、小規模の事業者が多い介護事業所の形態です。

この会社も10年以上の社歴があり、地元に密着したサービスを展開し、生き残っている介護事業所です。

赤字の事業所が多く、経営が難しいといわれる小規模の訪問介護の事業所で、利益を出しながら経営をしている数少ない訪問介護の事業所といえるでしょう。

その秘訣はどこにあるのか、お話を聞いてみましょう。

田邉（以降T）：まず、どういった経緯から訪問介護の事業所を始められたのかをお教えください。

C社社長（以降C）：もともとは、あるIT企業に勤務していました。ただ、大変な激務で、体調を壊し、仕事を続けられなくなったことがきっかけでした。そこに父が介護が必要な状態になり、その父のためにも介護事業所を立ち上げてみようと思ったわけです。介護保険法が施行されてすぐの話です。

T：介護保険法の施行は平成12年です。その頃にもう介護事業所を立ち上げようと思っていらっしゃったわけですね？

C：そうです。平成14年に立ち上げました。

T：では、もう16年も経つわけですね。16年もの長い間、介護事業所をやっていらして、これまで介護事業所の経営上どのようなことで困りましたか？

C：介護保険法の改正に振り回されることです。

まずは、小規模の事業所が特に大変なのは改正のたびに、事務作業が増えてしまうことです。私自身も現場に出ますし、事務作業をやる人がいないわけです。介護保険法の改正のたびに確実に事務量が増えてきています。これに対応するのは、かなりの負担です。
あとは介護保険法の改正ということでいえば、介護保険法の施行当時から比べるとずいぶん報酬が少なくなってしまったということです。実際、訪問介護の身体介護は、以前は30分から1時間未満のサービス提供で４０２単位だったのに、現在は45分から1時間未満のサービス提供で３８８単位です。やっていることは変わらないのに、サービス提供時間が増えて減収になっている。これではなかなか当社のような小規模な訪問介護事業所は経営が立ち行かなくなります。

Ｔ：ですが、実際には、きちんと売り上げも出し、利益も上げているわけです。報酬単位が訪問介護の事業所には不利になる中でも経営が何とかなっているのはなぜでしょうか？

Ｃ：一つに、自立支援を始めたことです。障害福祉サービスですね。もともとは訪問介護だけで自立支援はやっていませんでした。自立支援をやるにもノウハウがなかったからです。ですが、訪問介護事業所を地域のネットワークの中で利用者さんやケアマネさんの紹介をもらって仕事をいただいていて、たまたま知人を介して自立支援の必要な利用者さんを始めたことがきっかけです。この自立支援が必要な利用者さんも、ある大手の訪問介護事業所で働いている地域の方から紹介され、その方からノウハウを教えていただきました。要するに、地域の中で訪問介護や自立支援が必要な利用者さんを一人一人紹介していただいてネットワークを広げていった結果、自立支援を始めてそれが現在につながっているということです。

Ｔ：なるほど、そういうネットワークの輪を広げていった結果、ケアマネージャーの知り合いができ、利用者さんが増えていって結果的に事業所の収益が上がり、気づいたらもう10年以上になったというわけですね。

Ｃ：とくに頑張って利用者さんを増やそうとしたわけでもなく、とにかく、地域の皆さんからの介護保険や自立支援の要望をお聞きしてお仕事をもらっていった結果が今の状態につながったということです。「ヒト」

との出会いを一つ一つ大事にしてきた結果というだけです。

T：訪問介護だけではだめだからという明確な意思があって自立支援を始めたわけではないということなんですね？

C：そうなんです。本当にたまたまです。知人を介して自立支援の利用者さんの面倒をみるようになったことが今のように自立支援もできる訪問介護事業所につながったということです。

T：今後はどのような事業展開を考えていらっしゃいますか？

C：今までの事業展開は、特に経営戦略をイメージしながら進めてきたわけではないです。

とにかく目の前にご相談いただいている利用者さんの対応を一つ一つしていった結果です。ですが、介護保険法の改正の状況を踏まえても、訪問介護や自立支援以外にも事業展開が必要と思っています。

T：具体的にはどのようなことでしょうか？

C：地域密着型のデイサービスを展開していこうと思っています。これは当社がこれまで地域の中でのネットワークを生かしてきたことと関わりがあります。結局、大手のようなサービスの提供の仕方をしてもかないませんから、逆に大手のデイサービスではできないサービスの提供を考えないといけません。当社の場合、地域の皆さんに育てていただいたということもありますから、地域密着型の小規模のデイサービスが適していると思います。

それから、デイサービスをやるのは、従業員のことを考えてという側面もあります。

訪問介護の職員は同じお宅にお伺いして同じようなサービスの提供をする毎日で、なかなかモチベーションを上げて仕事をしていくのが難しいという側面があります。

訪問介護の職員をデイサービスに配置することで、そうした職員の意識を高めることで介護職員としてのモチベーションを高めることにも役立つと思っています。介護職員はもともと、高齢者の方たちのために何かしてあげたいという意識が高いですから、モチベーションを上げることのできる機会や場所があればいい仕事をしてもらえるのではないかと思っています。

また、当社の訪問介護の職員は他の事業所と比べても、介護の経験が長く、非常に高いスキルの介護技術を持っている職員が多くいます。そこは当社の強みではないかと思っています。そうした高い介護技術をデイサービスにも生かしていけると思っています。

T：なるほど。御社は自分たちのためというよりかは、地域のためとか、従業員さんのためとか、そういう周りの人たちのためにサービス提供しているというのが考え方の根幹にあるわけですね。立派な企業理念だと思います。

C：そんな大したものではないのですが、お金儲けというところを追究していくと何をやったらいいのかが見えなくなってしまうというのはあるのかもしれません。その意味では、今後も、周りの皆さんのために私たちがあるというのを根本において経営していければいいと思っています。

T：新しくデイサービスを始めるのにあたっては、銀行融資も必要になるでしょう。新規事業の立ち上げということですと、日本政策金融公庫の「新事業活動促進資金」というのがあります。経営革新等支援機関が作る「経営力向上計画」の認定を受けていることが必要な融資で、通常の融資よりも金利を安く借り入れできるものです。私の事務所では経営革新等支援機関の認定も受けているので、そうした部分でもお手伝いもできるかと思います。

C：そうなんですね、そんな制度があることも知りませんでした。私どものような小規模な事務所では、自分たちだけでは情報収集ができないことが一番のネックなんです。そうした情報をいただけるのはありがたいです。今後とも宜しくお願い致します。

T：情報提供というのも我々の大事な役割ですから。こちらこそ今後とも宜しくお願い致します。

三者三様ではありますが、共通するのは、「介護保険法の改正」というキーワードが出てくることです。3年ごとの介護保険法の改正を意識しながら事業を進めているという点は共通しています。置かれている状況はそれぞれ異なりますから、改正の捉え方は様々ですが、いずれにしても、今後の改正の行く末を踏まえて経営していくことは必須であることがよくわかります。

一方で、介護保険法の改正情報だけでなく、C社社長の話でも出てきた「新事業活動促進資金」の融資の話であったり、他にも助成金情報を始めとした経営に関する最新情報をご提供するのが私の役割でもあります。

そうした情報をいち早くとらえて、法改正に対応する体制を整えていくことがこれからの介護事業の経営者に求められていると改めて思いました。

終わりに

さて、最後にお話したいのは、「ヒト」を重視した経営とはどういうものなのかということで、参考になる話を載せたいと思います。２０１６年8月21日の読売新聞に、かつてシンクロナイズドスイミングの日本代表だった小谷実可子さんが書いた記事があります。これがとても心を打つ、とても感動的な記事だったのでご紹介いたします。

共に戦った9人目

「後輩たちが、やってくれました。日本のシンクロナイズドスイミングが、デュエットに続いて、チームでも銅メダルに輝きました。キャスターの仕事で、現場で見ることは出来ませんでしたが、ＶＴＲで確認すると、8人は気迫あふれる演技をしていました。

一つ、皆さんに知ってもらいたいことがあります。今回の代表は、９人で構成されていました。控え選手の名前は、林愛子さん(22)。一人だけ、試合で泳ぐことができませんでした。シンクロは、他の選手との同調が求められる競技。今季の日本代表を見ていると、チームは8人で「固定」する方針を採っていたようです。つまり、出られる可能性が少ない中で、苦しい練習に耐えてきました。やる気が起きない時期があったかもしれません。でも、彼女は頑張りました。ある時、練習中に井村（雅代）先

生に怒られるシーンを見たことがあります。他のメンバーと同じように、戦っていたのです。

私にも、同じような経験があります。１９８８年のソウル五輪では旗手を務めましたが、次のバルセロナ五輪では、直前にデュエットのメンバーから外れました。ビデオ係を命じられた時は、涙が出てきて、うまく撮れませんでした。試合を客席から見ると、目の前にあるプールが、こんなに遠くに感じるのかと、つらい気持ちになりました。でも、年齢を重ねるうちに、苦い経験は自分を大きくしてくれるんだと理解できました。日本代表は、国内でトップの選手たちの集まりです。つらい思いをした人の気持ちを知ることで、競技者としての幅は広がるはずです。

五輪は、一部のスター選手のためだけにあるのではありません。参加したすべての人にドラマがあります。今大会は、初めて結成された難民選手団が脚光を浴びました。厳しさと歓喜が同居しているのが、五輪なのです。

ちなみに、シンクロは控え選手もメダル授与式に出席できるため、彼女もメダルをかけてもらいました。印象的だったのは、端から2番目に立って、正選手たちと交じり合っていたことです。涙が流れていたのは、感動したのか、悔しかったのか、それは分かりません。この思いが、彼女を成長させてくれると信じています。」（原文のまま）

まったくそうだと思うのが、レギュラーでなかった方が後に役立つことが多いという点です。実は、私もかつて野球をやっていましたが、レギュラーではありませんでした。控え選手だったり、マネージャーだったり、そういう目立たないポジションにいる人は、レギュラー選手以上に精神的につらいはずです。レギュラー選手と同じようにつらい思いやしんどい思いをしているにもかかわらず、それが評価されないことが多いためです。人から評価されないのは人が最も精神的につらいと感じることです。ですが、そういう経験は、逆に人を育てます。小谷実可子さんは活躍している人の裏に目立たない人の存在があることを身をもって知っているので、気づけるわけです。

経営者に必要なのはこうした小谷実可子さんのような視点です。つまり、日の当たらない人にも目を向け、職員一人一人を大事にする経営です。口では「ヒト」を大事にした経営とはだれでもいえます。介助事業所の経営がうまくいくかどうかは、こうした目立たない部分で活躍した人やつらい思いをして頑張っている人をきちんと評価できる経営者の目、もっと言えば経営者一人一人の「ココロ」なのだと思います。介護事業所の経営者に限らず、経営者たるもの、そうでなければいけないのだと自戒の念を込め、思うところです。

本書では書ききれない部分が、税務関係の分野、銀行融資、助成金、処遇改善加算など、実は多々あります。しかし、最も大事な部分は本書に書き下ろしたつもりです。本書を通じて一人でも多くの介護事業の経営者に必要な部分が少しでも伝われば幸いです。

最後に、本書の編集に携わっていただいたヒナコパブリッシングの伊藤よしみ様、小林佳枝様に感謝申し上げるとともに、平成29年10月26日に急逝した私の母、田邉恵美子に本書をささげたいと思います。

２０１８年４月

巻末資料

資料A－1（P 18解説）

合同会社設立登記申請書

1．商号　　合同会社××介護サービス

1．本店　　東京都世田谷区××××

1．登記の事由　　設立の手続終了

1．登記すべき事項　　別紙のとおり

1．課税標準金額　　金　100万円

1．登録免許税　　金6万円

1．添付書類

定款	1通
代表社員決定書	1通
代表社員の印鑑証明書	1通
払込証明書	1通
代表社員の就任承諾書	定款の規定を援用する

上記のとおり登記の申請をします。

平成　年　月　日

東京都世田谷区××××

申請人　合同会社××介護サービス

東京都世田谷区××××

代表社員　○山▲夫

東京法務局　御中

資料A－2（P 18解説）

払込証明書

当会社の資本金については以下のとおり、全額の払込みがあったことを証明します。

払込みを受けた金額　　　　　金　100万円

平成　　年　　月　　日

東京都世田谷区××××
合同会社××介護サービス

代表社員　〇山▲夫　　　　　　　㊞

資料Ａ－３（Ｐ 18 解説）

代表社員決定書

本日、社員全員の同意をもって、代表社員を次のように決定した。なお、被選定者は即時その就任を承諾した。

代表社員　　　○山▲夫

上記事項を証明するため、社員全員記名押印する。

平成　　年　　月　　日

東京都世田谷区××××
合同会社××介護サービス

社　員　○山▲夫　　　　　㊞

資料A－4（P 18 解説）

定　　款

第1章　　総　　則

（商　号）

第1条　当会社は、合同会社××介護サービスと称する。

（目　的）

第2条　当会社は、次の事業を営むことを目的とする。

1．介護保険法に基づく次の事業

- 居宅介護支援事業
- 訪問介護事業
- 訪問リハビリテーション事業
- 居宅療養管理指導事業
- 通所介護事業
- 通所リハビリテーション事業

2．上記各号に附帯関連する一切の事業

（本店の所在地）

第3条　当会社は、本店を東京都世田谷区　に置く。

（公告方法）

第4条　当会社の公告は、官報に掲載する方法により行う。

第2章　　社員及び出資

（社員の氏名及び住所、出資及び責任）

第5条　社員の氏名及び住所、出資の価額及び責任は次のとおりである。

金　100 万円

東京都世田谷区××××

有限責任社員　○山▲夫

（持分の譲渡）

第6条　社員は、総社員の承諾がなければ、その持分の全部又は一部を他人に譲渡することができない。

2．前項の規定にかかわらず、当会社の業務を執行しない社員がその持分の全部又は一部を他人に譲渡するには、業務執行役員の全員の承諾を得なければならない。

第３章　　業務の執行、業務執行社員及び代表社員

（業務執行の権利、業務執行社員の選任及び解任）

第７条　当会社の業務は、業務執行役員が執行するものとし、総社員の同意により、社員の中からこれを選任する。

2．業務執行役員は、他の社員の請求がある時は、いつでもその職務の執行の状況を報告し、その職務が終了した後は、その経過及び結果を報告しなければならない。

3．業務執行役員は、総社員の同意により解任することができる。

（代表社員）

第８条　業務執行社員が２名以上いる場合、業務執行社員の互選をもって、代表社員を１名定めることができる。

2．代表社員は、会社を代表する。

（業務執行社員及び代表社員の報酬等）

第９条　業務執行社員及び代表社員の報酬等は、社員の過半数の同意をもって定める。

第４章　　社員の加入及び退社

（社員の加入）

第１０条　新たに社員を加入させる場合は、総社員の同意を要する。

（新加入社員の責任）

第１１条　当会社の設立後に加入した社員は、その加入前に生じた会社の債務についても責任を負うものとする。

（任意退社）
第１２条　各社員は、事業年度の終了の時において退社することができる。この場合、各社員は６か月前までに会社に退社の予告をしなければならない。

２．各社員は、前項の規定にかかわらず、やむを得ない事由があるときは、いつでも退社することができる。この場合、各社員は２か月前までに会社に退社の予告をしなければならない。

３．ただし、会社に不利な時期に退社する場合は、会社に対して損害を賠償する責任を負う。

（法定退社）
第１３条　各社員は、会社法第６０７条の規定により退社する。

２．前項の規定にかかわらず、社員が死亡した場合または合併により消滅した場合における当該社員の相続人又はその他一般承継人が当該社員の持分を承継するものとする。

第５章　　社員の除名

（社員の除名）
第１４条　当会社は、業務を執行するに当たって不正の行為をし、又は業務を執行する権利がないのに業務の執行に関与した場合、総社員の同意をもって除名することができる。

２．前項の規定にかかわらず、正当な理由がある場合に総社員の同意をもって社員を除名することができる。

第６章　計　算

（営業年度）
第１５条　当会社の営業年度は、毎年４月１日から翌年３月３１日までの１年とする。

（利益の配当）
第１６条　利益の配当は、毎事業年度の末日現在の社員に分配する。

（損益分配割合）

第１７条　各社員の損益分配の割合は、総社員の同意により、出資の価額と異なる割合によることができる。

第７章　　附　　則

（最初の事業年度）

第１８条　当会社の最初の事業年度は、当会社成立の日から平成３１年３月３１日までとする。

（設立に関する資本金）

第１９条　当会社の資本金は、金100万円とする。

（設立時業務執行役員）

第２０条　当会社の設立時業務執行役員は、次のとおりとする。

業務執行社員　　〇山▲夫

（設立時代表社員）

第２１条　当会社の設立時代表社員は、次のとおりとする。

住所　　　東京都世田谷区××××

代表社員　〇山▲夫

（定款の変更）

第２２条　当会社の定款の変更は、社員の過半数の同意によるものとする。

（定款に定めのない事項）

第２３条　本定款に定めのない事項は、すべて会社法の規定による。

以上、 合同会社××介護サービス　設立のため、発起人　〇山▲夫は、電磁的記録である本定款を作成し、電子署名をする。

平成　　年　　月　　日

有限責任社員　　〇山▲夫

資料B（P 22解説）

税務署受付印

青色申告の承認申請書

※整理番号	

平成　年　月　日 税務署長殿	納税地	〒　－ 東京都世田谷区 電話(　　)　－
	（フリガナ）	カブシキガイシャ　カブシキガイシャバツバツカイゴサービス
	法人名等	株式会社　株式会社××介護サービス
	法人番号	1 2 3 4 5 6 7 8 9 0 1 2
	（フリガナ）	
	代表者氏名	○山　▲夫　㊞
	代表者住所	〒　－ 東京都世田谷区
	事業種目	介護サービス業　業
	資本金又は出資金額	1,000,000 円

自平成 30 年　4 月　1 日
至平成 31 年　3 月 31 日

事業年度から法人税の申告書を青色申告によって提出したいので申請します。

記

1　次に該当するときには、それぞれ□にレ印を付すとともに該当の年月日等を記載してください。

□　青色申告書の提出の承認を取り消され、又は青色申告書による申告書の提出をやめる旨の届出書を提出した後に再び青色申告書の提出の承認を申請する場合には、その取消しの通知を受けた日又は取りやめの届出書を提出した日　平成　年　月　日

□　この申請後、青色申告書を最初に提出しようとする事業年度が設立第一期等に該当する場合には、内国法人である普通法人若しくは協同組合等にあってはその設立の日、内国法人である公益法人等若しくは人格のない社団等にあっては新たに収益事業を開始した日又は公益法人等（収益事業を行っていないものに限ります。）に該当していた普通法人若しくは協同組合等にあっては当該普通法人若しくは協同組合等に該当することとなった日　平成　年　月　日

□　法人税法第4条の5第1項（連結納税の承認の取消し）の規定により連結納税の承認を取り消された後に青色申告書の提出の承認を申請する場合には、その取り消された日　平成　年　月　日

□　法人税法第4条の5第2項各号の規定により連結納税の承認を取り消された場合には、第4条の5第2項各号のうち、取消しの起因となった事実に該当する号及びその事実が生じた日　第4条の5第2項　号　平成　年　月　日

□　連結納税の取りやめの承認を受けた日を含む連結親法人事業年度の翌事業年度に青色申告書の提出をしようとする場合には、その承認を受けた日　平成　年　月　日

2　参考事項
(1)　帳簿組織の状況

伝票又は帳簿名	左の帳簿の形態	記帳の時期	伝票又は帳簿名	左の帳簿の形態	記帳の時期
現金出納帳	ノートに記載	毎日			
預金出納帳	ノートに記載	毎日			

(2)　特別な記帳方法の採用の有無
イ　伝票会計採用
ロ　電子計算機利用

(3)　税理士が関与している場合におけるその関与度合

税理士署名押印	㊞

※税務署処理欄	部門		決算期		業種番号		番号		入力		備考		通信日付印	年月日	確認印	

27.06 改正

（規格A4）

資料C（P 22 解説）

※整理番号	

給与支払事務所等の開設・移転・廃止届出書

税務署受付印

平成　年　月　日

税務署長殿

所得税法第230条の規定により次のとおり届け出ます。

事務所開設者	住所又は本店所在地	〒　- 東京都世田谷区 電話（　　）　－
	（フリガナ）	カブシキガイシャ　カブシキガイシャバツバツカイゴサービス
	氏名又は名称	株式会社　株式会社××介護サービス
	個人番号又は法人番号	↓個人番号の記載に当たっては、左端を空欄とし、ここから記載してください。 1 2 3 4 5 6 7 8 9 0 1 2
	（フリガナ）	
	代表者氏名	○山　▲夫　㊞

（注）「住所又は本店所在地」欄については、個人の方については申告所得税の納税地、法人については本店所在地（外国法人の場合には国外の本店所在地）を記載してください。

開設・移転・廃止年月日	平成 30 年 4 月 1 日	給与支払を開始する年月日	平成 30 年 4 月 1 日

○届出の内容及び理由

（該当する事項のチェック欄□に✓印を付してください。）

「給与支払事務所等について」欄の記載事項

		開設・異動前	異動後
開設	☑ 開業又は法人の設立		
	□ 上記以外 ※本店所在地等とは別の所在地に支店等を開設した場合	開設した支店等の所在地	
移転	□ 所在地の移転	移転前の所在地	移転後の所在地
	□ 既存の給与支払事務所等への引継ぎ （理由）□ 法人の合併　□ 法人の分割　□ 支店等の閉鎖 □ その他 （　　　　）	引継ぎをする前の給与支払事務所等	引継先の給与支払事務所等
廃止	□ 廃業又は清算結了　□ 休業		
その他（　　　　）		異動前の事項	異動後の事項

○給与支払事務所等について

	開設・異動前	異動後
（フリガナ）		
氏名又は名称		
住所又は所在地	〒　- 電話（　　）　－	〒　- 電話（　　）　－
（フリガナ）		
責任者氏名		

従事員数	役員	1人	従業員	5人	（　）	人	（　）	人	（　）	人	計	人

（その他参考事項）

税理士署名押印	㊞

※税務署処理欄	部門		決算期		業種番号		入力		名簿等		用紙交付		通信日付印	年 月 日	確認印	
	番号確認	身元確認 □ 済 □ 未済	確認書類 個人番号カード／通知カード・運転免許証 その他（　　）													

29.04 改正

（規格A4）

資料D（P 23解説）

源泉所得税の納期の特例の承認に関する申請書

※整理番号	

税務署受付印

平成　　年　　月　　日 税務署長殿	住所又は本店の所在地	〒　- 東京都世田谷区 電話　　－　　－
	(フリガナ)	カブシキガイシャ　カブシキガイシャバツバツカイゴサービス
	氏名又は名称	株式会社　株式会社バツバツ介護サービス
	法人番号	※個人の方は個人番号の記載は不要です。 1 2 3 4 5 6 7 8 9 0 1 2
	(フリガナ)	
	代表者氏名	○山　▲夫　㊞

次の給与支払事務所等につき、所得税法第 216 条の規定による源泉所得税の納期の特例についての承認を申請します。

給与支払事務所等に関する事項	給与支払事務所等の所在地 ※　申請者の住所（居所）又は本店（主たる事務所）の所在地と給与支払事務所等の所在地とが異なる場合に記載してください。	〒　- 電話　　－　　－		
	申請の日前６か月間の各月末の給与の支払を受ける者の人員及び各月の支給金額 〔外書は、臨時雇用者に係るもの〕	月区分	支給人員	支給額
		年　月	外　人	外　円
		年　月	外　人	外　円
		年　月	外　人	外　円
		年　月	外　人	外　円
		年　月	外　人	外　円
		年　月	外　人	外　円
	1　現に国税の滞納があり又は最近において著しい納付遅延の事実がある場合で、それがやむを得ない理由によるものであるときは、その理由の詳細 2　申請の日前１年以内に納期の特例の承認を取り消されたことがある場合には、その年月日			

税理士署名押印	㊞

※税務署処理欄	部門		決算期		業種番号		番号		入力		名簿		通信日付印	年月日	確認印	

29. 06 改正

資料E－1（P 25解説）

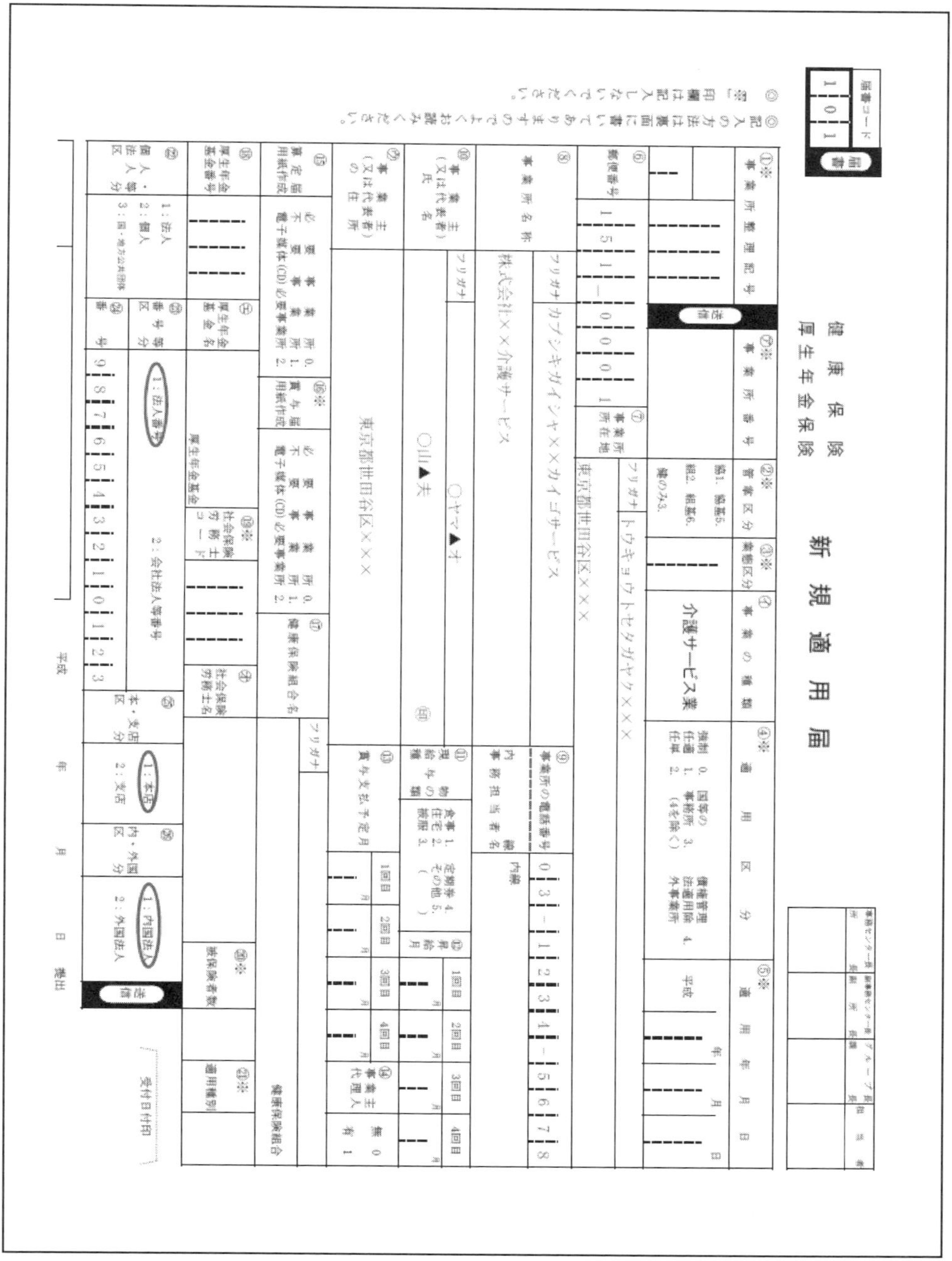

届書コード 101 届書

健康保険
厚生年金保険
新規適用届

事務センター長 所長 / 副事務センター長 副所長 / グループ長 課長 / 担当者

◎記入の方法は裏面に書いてありますのでよくお読みください。
◎「※」印欄は記入しないでください。

①※ 事業所整理記号 ｜ 送信 ｜ ㋐※ 事業所番号 ｜ ②※ 管掌区分 協1. 協基5. 組2. 組基6. 健のみ3. ｜ ③※ 業態区分 ｜ ㋑ 事業の種類：介護サービス業 ｜ ④※ 適用区分 強制 0. 任適 1. 任単 2. 国等の事務所（4を除く） 3. 債権管理法適用除外事業所 4. ｜ ⑤※ 適用年月日 平成 年 月 日

⑥ 郵便番号 151－0001 ｜ ⑦ 事業所所在地 フリガナ トウキョウトセタガヤク××× 東京都世田谷区×××

⑧ 事業所名称 フリガナ カブシキガイシャ××カイゴサービス 株式会社××介護サービス ｜ ⑨ 事業所の電話番号 03－1234－5678 内線 事務担当者名 内線

⑩ 事業主（又は代表者）氏名 フリガナ ○ヤマ▲オ ○山▲夫 ㊞ ｜ ⑪ 現物給与の種類 食事 1. 住宅 2. 被服 3. 定期券 4. その他 5.（ ） ｜ ⑫ 昇給月 1回目 月 2回目 月 3回目 月 4回目 月

㋒ 事業主（又は代表者）の住所 東京都世田谷区××× ｜ ⑬ 賞与支払予定月 1回目 月 2回目 月 3回目 月 4回目 月 ｜ ⑭ 事業主代理人 無 0 有 1

⑮ 算定届用紙作成 必要事業所 0. 不要事業所 1. 電子媒体(CD)必要事業所 2. ｜ ⑯※ 賞与届用紙作成 必要事業所 0. 不要事業所 1. 電子媒体(CD)必要事業所 2. ｜ ⑰ 健康保険組合名 フリガナ 健康保険組合

⑱ 厚生年金基金番号 ｜ ㋓ 厚生年金基金名 厚生年金基金 ｜ ⑲※ 社会保険労務士コード ｜ ㋔ 社会保険労務士名 ｜ ⑳※ 被保険者数 ｜ ㉑※ 適用種別

㉒ 個人・法人等区分 1：法人 2：個人 3：国・地方公共団体 ｜ ㉓ 番号等区分 （1：法人番号） 2：会社法人等番号 ｜ ㉔ 番号 9876543210123 ｜ ㉕ 本・支店区分 （1：本店） 2：支店 ｜ ㉖ 内・外国区分 （1：内国法人） 2：外国法人 ｜ 送信

受付日付印

平成 年 月 日提出

社会保険労務士の提出代行者印	㊞

裏面も記入してください

㋟「事業主代理人」有の場合	事業主代理人氏名		事業主代理人住所	

㋠給与形態	・月給（○）・日給・日給月給・その他（　　）・歩合給・時間給・年俸制	㋡諸手当の種類	家族手当・住宅手当・役付手当・通勤手当（○）・精勤手当・残業手当・その他（○）（処遇改善加算手当）
㋢給与計算の締切日	末日	㋣給与支払日	当月・翌月（○）　15日

㋤ 該当項目に人数等を記入してください。（役員を含む）

① 従業員数　5 人　2 社会保険に加入する従業員数　3 人

3 社会保険に加入しない従業員について

名称	人数	勤務形態
役員	人	報酬（有・無）、常勤（　人）、非常勤（　人）
嘱託・非常勤	人	1月　日ぐらい、1日　時間ぐらい
パート	2人	1月　10日ぐらい、1日　5時間ぐらい
アルバイト	人	1月　日ぐらい、1日　時間ぐらい

4 事業所の所定労働時間

1月　22 日　1週　40時間　分　1日　8時間　分

㋥（事業所の所在地略図）

北

㋦ 備考

平成　年　月　日 提出

【記入方法】

1．④は事業の種類が容易にわかるよう具体的に記入してください。

2．⑦の所在地は都道府県を除いて記入し、フリガナを記入してください。

3．⑧の事業所名称のフリガナは、株式会社を「カ」、有限会社を「ユ」、合名会社を「メ」及び合資会社を「シ」と略して記入してください。
ただし、前記以外の法人については、そのままフリガナで記入してください。

4．⑩は、代表電話番号を記入してください。なお、市外局番と市内局番及び市内局番と加入者番号の間には「－」を記入してください。

5．⑪の現物給与とは、食事の提供、住宅貸与、被服支給及び定期券支給など報酬の一部または全部を通貨以外のもので支給する場合をいいます。該当する文字すべてを○印で囲んでください。

6．⑫及び⑬は次のように記入してください。　（例）昇給月が６月と１２月の場合

月	月	月	月
0 6	1 2		

7．⑭に該当する文字を○印で囲んでください。なお、「有」の場合は、裏面の㋟に氏名及び住所を記入してください。

8．㉒㉓㉕㉖は、該当する番号を○印で囲んでください。㉓㉕㉖は、㉒で「2：個人」を選択した場合は、記入は不要です。

9．㉓の区分のうち、法人番号と会社法人等番号の双方を有する場合は、原則、「1：法人番号」を選択してください。

10．㉔は㉓において選択した区分に応じた番号を記入してください。㉔は、㉒で「2：個人」を選択した場合は、記入は不要です。

11．事業主の押印については、署名（自筆）の場合は省略できます。

12．裏面の㋠及び㋡については、該当する文字すべてを○印で囲んでください。

13．㋢から㋤は、該当する日付、人数及び時間を記入してください。

14．㋥は事業所周辺の略図を記入してください。

【注意事項】

この届書に記入された情報（事業所名称、所在地、管掌区分）は、適用の適正化に資するため、「適用事業所一覧表」として年金事務所の窓口に備え置き、閲覧に供されることとなりますのでご承知おきください。

資料Ｅ－２（Ｐ 25 解説）

被保険者資格取得届
70歳以上被用者該当届

〒 151 － 0001
東京都世田谷区×××
株式会社××介護サービス
代表取締役 ○山▲夫
03 （ 1234 ） 5678

1	○ヤマ ▲オ	○山 ▲夫	5 1 0 1 0 1	1 1 1 1 2 2 2 2 3 3	3 0 0 4 0 1
	500,000	0	500,000	〒 151 － 0001	東京都世田谷区×××
2	□ウミ ×オ	□海 ×男	6 0 1 0 0 1	4 4 4 4 5 5 5 5 6 6	3 0 0 4 0 1
	300,000	0	300,000	〒 151 － 0002	東京都世田谷区×××
3	○カワ □コ	○川 □子	0 2 0 8 0 1	7 7 7 7 8 8 8 8 9 9	3 0 0 4 0 1
	250,000	0	250,000	〒 151 － 0002	東京都世田谷区×××

協会けんぽご加入の事業所様へ
※ 70歳以上被用者該当届のみ提出の場合は、「⑪備考」欄の「1.70歳以上被用者該当」および「5.その他」に○をし、「5.その他」の（ ）内に「該当届のみ」とご記入ください（この場合、健康保険被保険者証の発行はありません）。

資料Ｅ－３（Ｐ 25 解説）

様式コード 2202

健康保険 被扶養者（異動）届
国民年金 第3号被保険者関係届

平成 年 月 日

〒 151-0001
東京都世田谷区×××

株式会社××介護サービス

代表取締役 ○山▲夫

03 （ 1234 ） 5678

受付印

社会保険労務士記載欄

事業主等受付年月日 平成 年 月 日

A. 被保険者欄

① 被保険者整理番号	1	④ 生年月日	5.昭和 51 01 01
② 氏名	○ヤマ ▲オ ○山▲夫	⑤ 性別	1.男
③ 取得年月日	7.平成 30 04 01	⑥ 個人番号	1111222233
収入（年収）	600万 円	住所	〒 151-0001 東京都世田谷区×××

配偶者が被扶養者（第3号被保険者）になった場合は「該当」、被扶養者でなくなった場合は「非該当」、変更の場合は「変更」を○で囲んでください。

B. 配偶者である被扶養者（第3号被保険者）欄

① 氏名	○ヤマムコ ○山△子	② 生年月日	5.昭和 59 09 01
		個人番号	4444555566
住所	〒 151-0001 東京都世田谷区×××	電話番号	1.自宅 03 （ 9876 ） 5432
該当	7.平成 30 4 1	理由	1.配偶者の就職
		職業	2.パート
		収入（年収）	100万 円

配偶者以外の方が被扶養者になった場合は「該当」、被扶養者でなくなった場合は「非該当」、変更の場合は「変更」を○で囲んでください。

C. その他の被扶養者欄 1

① 氏名	○ヤマ▼コ ○山▼子	② 生年月日	7.平成 29 1 1
③ 性別	2.女	⑤ 個人番号	999988887777
該当	7.平成 30 4 1		

※被扶養者の「該当」と「非該当（変更）」は同時に提出できません。「該当」、「非該当」、「変更」はそれぞれ別の用紙で提出してください。

上記の事実に相違ありません。 氏名

資料F（P 26 解説）

様式第6号（第24条、第25条、第33条関係）（甲）

労働保険 / 石綿健康被害救済法　概算・増加概算・確定保険料 / 一般拠出金　申告書

継続事業（一括有期事業を含む。）

下記のとおり申告します。

種別　※修正項目番号　※入力徴定コード（項1）

平成　年　月　日

※各種区分：管轄(2)　保険関係等　業種　産業分類

あて先 〒

①労働保険番号：都道府県 所掌 管轄 基幹番号 枝番号（項2）

②増加年月日（元号：平成は7）（項3）　③事業廃止等年月日（元号：平成は7）（項4）　※事業廃止等理由（項5）

④常時使用労働者数 3人（項6）　⑤雇用保険被保険者数 2人（項7）　⑥免除対象高年齢労働者数（項8）　※保険関係（項9）　※片保険理由コード（項10）

労働保険特別会計歳入徴収官殿

確定保険料算定内訳　算定期間　平成29年4月1日　から　平成30年3月31日　まで

⑦区分	⑧保険料・一般拠出金算定基礎額	⑨保険料・一般拠出金率	⑩確定保険料・一般拠出金額（⑧×⑨）
労働保険料	(イ)　千円（項11）	(イ) 1000分の 12.0	89400円（項12）
労災保険分	(ロ) 10000千円（項13）	(ロ) 1000分の 3.0	30000円（項14）
雇用保険分　雇用保険法適用者分	(ハ) 6600千円（項15）		
雇用保険分　高年齢労働者分	(ニ) 0千円（項16）	(ニ) 1000分の	円（項17）
雇用保険分　保険料算定対象者分	(ホ)((ハ)−(ニ)) 6600千円（項18）	(ホ) 1000分の 9.0	59400円（項19）
一般拠出金	(ヘ)　千円（項35）	(ヘ) 1000分の	円（項36）

概算・増加概算保険料算定内訳　算定期間　平成30年4月1日　から　平成31年3月31日　まで

⑪区分	⑫保険料算定基礎額の見込額	⑬保険料率	⑭概算・増加概算保険料額（⑫×⑬）
労働保険料	(イ)　千円（項20）	(イ) 1000分の	円（項21）
労災保険分	(ロ)　千円（項22）	(ロ) 1000分の	円（項23）
雇用保険分　雇用保険法適用者分	(ハ)　千円（項24）		
雇用保険分　高年齢労働者分	(ニ)　千円（項25）		
雇用保険分　保険料算定対象者分	(ホ)((ハ)−(ニ))　千円（項26）	(ホ) 1000分の	円（項27）

⑮事業主の郵便番号（変更のある場合記入）（項28）　⑯事業主の電話番号（変更のある場合記入）（項29）　⑰延納の申請 納付回数（項30）

※検算有無区分（項31）　※算調対象区分（項32）　※データ指示コード（項33）　※再入力区分（項34）　※修正項目

⑧⑩⑫⑭⑳の(ロ)欄の金額の前に「¥」記号を付さないで下さい

⑱申告済概算保険料額	円
⑲申告済概算保険料額	
⑳差引額 (イ)充当額（⑱−⑩の(イ)）	円
⑳差引額 (ハ)不足額（⑩の(イ)−⑱）	89,400円
⑳差引額 (ロ)還付額（⑱−⑩の(イ)）	円（項38）
⑳充当意思（項37）	1：労働保険料のみに充当　2：一般拠出金のみに充当　3：労働保険料及び一般拠出金に充当
㉑増加概算保険料額（⑭の(イ)−⑲）	
㉛法人番号	1234567890 12（項39）

㉒期別納付額

	(イ)概算保険料額（⑭の(イ)÷⑰＋改定以降の円未満端数）	(ロ)労働保険料充当額（⑳の(イ)（労働保険料分のみ））	(ハ)不足額（⑳の(ハ)）	(ニ)今期労働保険料（(イ)−(ロ)又は(イ)＋(ハ)）	(ホ)一般拠出金充当額（⑳の(イ)（一般拠出金分のみ））	(ヘ)一般拠出金額（⑩の(ヘ)−㉒の(ホ)）	(ト)今期納付額((ニ)＋(ヘ))
第1期（初期）又は全期	円	円	89,400円	89,400円	円	円	89,400円

第2期	(チ)概算保険料額（⑭の(イ)÷⑰）円	(リ)労働保険料充当額（⑳の(イ)−㉒の(ロ)）円	(ヌ)第2期納付額（(チ)−(リ)）円
第3期	(ル)概算保険料額（⑭の(イ)÷⑰）円	(ヲ)労働保険料充当額（⑳の(イ)−㉒の(ロ)−㉒の(リ)）円	(ワ)第3期納付額（(ル)−(ヲ)）円

㉓保険関係成立年月日

㉔事業廃止等理由　(1)廃止　(2)委託　(3)個別　(4)労働者なし　(5)その他

㉕事業又は作業の種類：介護サービス業

㉖加入している労働保険：㋑労災保険　㋺雇用保険

㉗特掲事業：(イ)該当する　㋺該当しない

㉘事業
(イ)所在地：東京都世田谷区×××
(ロ)名称：株式会社××介護サービス

㉙事業主
郵便番号　−　電話番号（　）　−
(イ)住所（法人のときは主たる事務所の所在地）：東京都世田谷区×××
(ロ)名称：株式会社××介護サービス
(ハ)氏名（法人のときは代表者の氏名）：代表取締役 ○山 ▲夫
記名押印又は署名　印

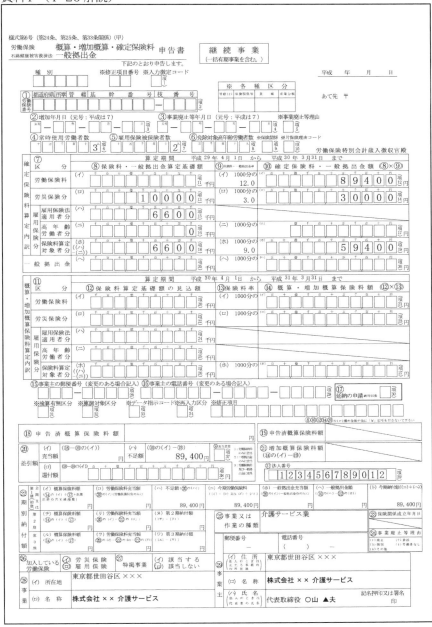

雇用保険適用事業所設置届

（必ず第2面の注意事項を読んでから記載してください。）

※ 事業所番号

下記のとおり届けます。

公共職業安定所長 殿

平成 年 月 日

（この用紙は、このまま機械で処理しますので、汚さないようにしてください。）

帳票種別：12001

1. 法人番号（個人事業の場合は記入不要です。）

2. 事業所の名称（カタカナ）：カフ゛シキカ゛イシャハ゛ツハ゛ツカイコ゛サーヒ゛ス

事業所の名称〔続き（カタカナ）〕

3. 事業所の名称（漢字）：株式会社××介護サービス

事業所の名称〔続き（漢字）〕

4. 郵便番号：151－0001

5. 事業所の所在地（漢字）※市・区・郡及び町村名：東京都世田谷区×××

事業所の所在地（漢字）※丁目・番地

事業所の所在地（漢字）※ビル、マンション名等

6. 事業所の電話番号（項目ごとにそれぞれ左詰めで記入してください。）：03－1234－5678（市外局番／市内局番／番号）

7. 設置年月日：4－300401（3 昭和 4 平成）（元号／年／月／日）

8. 労働保険番号：13111111111（府県／所掌／管轄／基幹番号／枝番号）

※公共職業安定所記載欄	9. 設置区分（1 当然 2 任意）	10. 事業所区分（1 個別 2 委託）	11. 産業分類	12. 台帳保存区分（1 日雇被保険者のみの事業所 2 船舶所有者）

13. 事業主	住所（フリガナ）（法人のときは主たる事務所の所在地）	東京都世田谷区×××
	名称（フリガナ）	株式会社××介護サービス
	氏名（フリガナ）（法人のときは代表者の氏名）	代表取締役 〇山▲夫　記名押印又は署名 印
14. 事業の概要（建設の場合は請負の箇トン数を記載すること）		介護サービス業
15. 事業の開始年月日	平成 30 年 4 月 1 日	※16. 事業の廃止年月日　平成 年 月 日

17. 常時使用労働者数		4 人
18. 雇用保険被保険者数	一般	2 人
	日雇	人
19. 賃金支払関係	賃金締切日	31 日
	賃金支払日	当・（翌）月 15 日
20. 雇用保険担当課名		課 係
21. 社会保険加入状況		（健康保険）（厚生年金保険）（労災保険）

備考	※	所長	次長	課長	係長	係	操作者

（この届出は、事業所を設置した日の翌日から起算して10日以内に提出してください。）

2017. 1

資料G－1裏面（P 26解説）

注　意

1　□□□□で表示された枠（以下「記入枠」という。）に記入する文字は、光学式文字読取装置（ＯＣＲ）で直接読取を行いますので、この用紙を汚したり、必要以上に折り曲げたりしないでください。
2　記載すべき事項のない欄又は記入枠は空欄のままとし、※印のついた欄又は記入枠には記載しないでください。
3　記入枠の部分は、枠からはみ出さないように大きめの文字によって明瞭に記載してください。
4　1欄には、平成27年10月以降、国税庁長官から本社等へ通知された法人番号を記載してください。
5　2欄には、数字は使用せず、カタカナ及び「-」のみで記載してください。
カタカナの濁点及び半濁点は、１文字として取り扱い（例：ガ→ ｶﾞ、パ→ ﾊﾟ）、また、「ヰ」及び「ヱ」は使用せず、それぞれ「イ」及び「エ」を使用してください。
6　3欄及び5欄には、漢字、カタカナ、平仮名及び英数字（英字については大文字体とする。）により明瞭に記載してください。
7　5欄１行目には、都道府県名は記載せず、特別区名、市名又は郡名とそれに続く町村名を左詰めで記載してください。
5欄２行目には、丁目及び番地のみを左詰めで記載してください。

また、所在地にビル名又はマンション名等が入る場合は5欄３行目に左詰めで記載してください。
8　6欄には、事業所の電話番号を記載してください。この場合、項目ごとにそれぞれ左詰めで、市内局番及び番号は「㊁」に続く５つの枠内にそれぞれ左詰めで記載してください。（例：03-3456-XXXX→03□□□-3456□-XXXX□）
9　7欄には、雇用保険の適用事業所となるに至った年月日を記載してください。この場合、元号をコード番号で記載した上で、年、月又は日が１桁の場合は、それぞれ10の位の部分に「０」を付加して２桁で記載してください。
（例：平成14年４月１日→4-140401）
10　14欄には、製品名及び製造工程又は建設の事業及び林業等の事業内容を具体的に記載してください。
11　18欄の「一般」には、雇用保険被保険者のうち、一般被保険者数、高年齢被保険者数及び短期雇用特例被保険者数の合計数を記載し、「日雇」には、日雇労働被保険者数を記載してください。
12　21欄は、該当事項を○で囲んでください。
13　22欄は、事業所印と事業主印又は代理人印を押印してください。
14　23欄は、最寄りの駅又はバス停から事業所への道順略図を記載してください。

お願い
1　事業所を設置した日の翌日から起算して10日以内に提出してください。
2　営業許可証、登記事項証明書その他記載内容を確認することができる書類を持参してください。

22. 登録印	事業所印影	事業主（代理人）印影	改印欄（事業所・事業主）	改印欄（事業所・事業主）	改印欄（事業所・事業主）
			改印年月日　平成　年　月　日	改印年月日　平成　年　月　日	改印年月日　平成　年　月　日

23. 最寄りの駅又はバス停から事業所への道順

労働保険事務組合記載欄

所在地

名　称

代表者氏名　印

委託開始　平成　年　月　日

委託解除　平成　年　月　日

社会保険労務士記載欄	作成年月日・提出代行者・事務代理者の表示	氏　名	電話番号
		印	

※本手続は電子申請による届出も可能です。詳しくは管轄の公共職業安定所までお問い合わせください。
なお、本手続について、社会保険労務士が電子申請により本届書の提出に関する手続を事業主に代わって行う場合には、当該社会保険労務士が当該事業主の提出代行者であることを証明することができるものを本届書の提出と併せて送信することをもって、当該事業主の電子署名に代えることができます。

資料G－2（P 26解説）

様式第2号

雇用保険被保険者資格取得届

標準字体 0 1 2 3 4 5 6 7 8 9

（必ず第２面の注意事項を読んでから記載してください。）

帳票種別 15101

1. 個人番号

2. 被保険者番号 3333－444444－1

3. 取得区分 2（1 新規 2 再取得）

4. 被保険者氏名 □海 ×男

フリガナ（カタカナ） ウミ オ

5. 変更後の氏名

フリガナ（カタカナ）

6. 性別 1（1 男 2 女）

7. 生年月日 3－601001（元号 年 月 日）（2 大正 3 昭和 4 平成）

8. 事業所番号 1234－567890－1

9. 被保険者となったことの原因 2

1 新規雇用（新規学卒）
2 新規（その他）雇用
3 日雇からの切替
4 その他
8 出向元への復帰等（65歳以上）

10. 賃金（支払の態様－賃金月額：単位千円） 1－300（百万 十万 万 千円）（1 月給 2 週給 3 日給 4 時間給 5 その他）

11. 資格取得年月日 4－300401（元号 年 月 日）

12. 雇用形態 4（1 日雇 2 派遣 3 パートタイム 4 有期契約労働者 5 季節的雇用 6 船員 7 その他）

13. 職種 05（01～11）第２面参照

14. 就職経路 4（1 安定所紹介 2 自己就職 3 民間紹介 4 把握していない）

15. １週間の所定労働時間 40時間 分

16. 契約期間の定め 1

1 有 － 契約期間 平成 300401（年 月 日）から 平成 300930（年 月 日）まで

契約更新条項の有無 1（1 有 2 無）

2 無

事業所名〔株式会社 株式会社 ×× 介護サービス〕

備考〔 〕

（この用紙は、このまま機械で処理しますので、汚さないようにしてください。）

17欄から22欄までは、被保険者が外国人の場合のみ記入してください。

17. 被保険者氏名（ローマ字）（アルファベット大文字で記入してください。）

被保険者氏名〔続き（ローマ字）〕

18. 国籍・地域（ ）

19. 在留資格（ ）

20. 在留期間 西暦 年 月 日まで

21. 資格外活動許可の有無（1 有 2 無）

22. 派遣・請負就労区分（1 派遣・請負労働者として主として当該事業所以外で就労する場合 2 1に該当しない場合）

※公共職業安定所記載欄

23. 取得時被保険者種類（1 一般 2 短期常態 3 季節 11 高年齢被保険者（65歳以上））

24. 番号複数取得チェック不要（チェック・リストが出力されたが、調査の結果、同一人でなかった場合に「1」を記入。）

25. 国籍・地域コード（18欄に対応するコードを記入）

26. 在留資格コード（19欄に対応するコードを記入）

雇用保険法施行規則第6条第1項の規定により上記のとおり届けます。

住所 東京都世田谷区 ×××

平成 30 年 04 月 01 日

事業主 氏名 株式会社 株式会社 ×× 介護サービス
○山 ▲夫

記名押印又は署名 印

公共職業安定所長 殿

電話番号

社会保険労務士記載欄	作成年月日・提出代行者・事務代理者の表示	氏名	電話番号
		印	

※

所長		次長		課長		係長		係		操作者	

※備考

確認通知 平成 年 月 日

2017. 1

資料H（P 27 解説）

資金繰り表

	相手先名														
月初現預金残高															
売上入金															
雑収入															
その他入金															
入金合計															
買掛金支出															
人件費															
消耗品費															
支出合計															
短期借入金入金															
長期借入金入金															
短期借入金返済															
長期借入金返済															
月末現預金残高															

資料Ⅰ（P 35 解説）

就　業　規　則

第1章　　総　　則

第1条（目的）

この規則は、株式会社××介護サービス（以下「会社」という）の秩序を維持し、業務の円滑な運営を期すため、社員の就業に関する労働条件および服務規律を定めたものである。

第2条（社員の定義）

1．社員とは、会社と雇用契約を締結した者のうち、パートタイマーを除いた者をいう。

2．社員とは、常に所定労働時間を就労できる者で、会社の目的遂行のために直接担当業務のみでなく、周辺業務を含めた職責を全うできうる立場の者をいう。

3．パートタイマーについては別途定める規則による。

第3条（規則遵守の義務）

会社はこの規則に基づく労働条件により社員に就業させる義務を負い、社員はこの規則を遵守する義務を負うと共に、相互に協力して当社の発展に努めなければならない。

第4条（秘密保持）

社員は会社の業務ならびに社員の身上に関し、その職務上知り得た事項については、在職中はもちろん退職後といえども、みだりに公表してはならない。

第2章　　採　　用

第5条（採用）

1．会社は就職を希望する者の中より、選考試験に合格し、所定の手続きを経た者を社員として採用する。

2．社員は採用の際、以下の書類を提出しなければならない。

①履 歴 書（3ケ月以内の写真添付）

②住民票記載事項証明書（内容は会社指定）
③健康診断書
④源泉徴収票（暦年内に前職のある者のみ）
⑤年金手帳、雇用保険被保険者証（所持者のみ）
⑥身元保証書
⑦保証人連署の誓約書
⑧必要により、免許証、資格証明書、学業成績証明書、卒業証明書
⑨その他会社が必要と認めたもの

３．在職中に上記提出書類の記載事項で氏名､現住所､家族の状況等に異動があった場合は速やかに　所定の様式により会社に届け出なければならない。
４．提出された書類は、人事労務管理の目的でのみ使用する。

第６条（有期雇用契約社員）

１．新たに採用した者については採用の日から３ケ月間以上の期間の有期雇用契約期間を設ける。ただし、特別の技能または経験を有する者には試用期間を設けないことがある。
２．契約期間満了の際、引き続き社員として勤務させることが不適当であると認められる者については、本採用は行わない。
３．この有期雇用契約期間は勤続年数に通算する。

第７条　（正社員または無期雇用契約への転換）

１．第６条の有期雇用契約期間を含め、３ヶ月以上の期間を定めて雇用契約をした者又はパートタイム労働者に該当する者については、本人の希望により、正社員または無期雇用契約に転換することがある。
２．転換時期は随時とする。
３．社長の推薦がある者に対し、面接試験等を実施し、合格した者については、正社員または無期雇用契約に転換するものとする。

第３章　　異　　動

第８条（異動）

業務の都合により必要がある場合は、社員に異動（配置転換、転勤、出向）を命じ、または担当業務以外の業務を行わせることがある。

第４章　就業時間、休憩時間、休日および休暇

第９条（労働時間および休憩時間）

１．所定労働時間は、毎月１日を起算とする１ヶ月単位の変形労働時間制を採用し、１週の労働時間は１ヶ月を平均して40時間以内とする。ただし、別途協定に基づき１年単位変形労働時間制等の変形労働時間制を採用することがある。
２．始業、終業の時刻および休憩時間は以下のとおりとする。

始業	午前９時
終業	午後６時
休憩時間	正午から午後１時まで（１時間）

３．業務の状況または季節により、就業時間および休憩時間を繰り上げまた繰り下げおよび変更をすることがある。
４．出張およびその他、事業場外で勤務する場合において、労働時間を算定することが困難であるときは、第２項で定める労働時間を勤務したものとみなす。

第10条（休日）

１．休日は以下のとおりとする。
　①日曜日
　②祝祭日
　③その他会社が年間休日カレンダーで定めた日
２．業務上必要がある場合には、前項で定める休日を他の労働日と振替えることがある。

第11条（時間外、休日および深夜勤務）

１．業務の都合で所定就業労働時間外、深夜（午後10時から午前５時）および所定休日に勤務させることがある。ただし、これは労働基準法第36条に基づく協定の範囲内とする。
２．満18歳未満の社員には法定時間外労働、法定休日労働および深夜労働はさせない。

第 12 条（割増賃金）

前条の規定により、法定を超えた時間外、深夜または法定休日に勤務をさせた場合は、賃金規程の定めるところにより割増賃金を支給する。

第 13 条（適用除外）

以下の各号のいずれかに該当するものについては、本章の定める労働時間、休憩および休日に関する規則と異なる取扱いをする。

①管理監督の職務にある者

②みなし労働時間または裁量労働時間の適用を受ける者

③行政官庁の許可を受けた監視または断続的勤務に従事する者

第 14 条（宿日直）

業務上必要がある場合は、満 18 才以上の社員を所定就業時間外または休日に、宿直または日直の勤務に就かせることがある。

第 15 条（出張）

業務の都合により必要がある場合は、出張を命ずることがある。社員は正当な理由がなければ、これを拒むことはできない。

第 16 条（年次有給休暇）

1．下表の勤続年数に応じ、所定労働日の 8 割以上を出勤した社員に対して以下の表に掲げる年次有給休暇を付与する。

勤続年数	6月	1年 6月	2年 6月	3年 6月	4年 6月	5年 6月	6年 6月以上
年次有給休暇	10 日	11 日	12 日	14 日	16 日	18 日	20 日

2．年次有給休暇は、特別の理由がない限り少なくとも 1 週間前までに、所定の様式により総務部長に届けなければならない。ただし、業務の都合によりやむを得ない場合は、指定した日を変更することがある。

3．急病等で当日やむを得ず年次有給休暇を取る場合は、必ず始業時刻の 15 分前までに総務部長へ連絡をしなければならない。この場合、医師の診断書の提出を求めることがある。ただし度重なる場合は、この年次有給休暇の取得を認めないことがある。

4．第 1 項の出勤率の算定にあたっては、年次有給休暇、産前産後の休業の期間、育児休業期間、介護休業期間および業務上の傷病による休業の期間は出勤したものとして取り扱う。
5．第２項の規定にかかわらず、社員の過半数を代表する者との書面協定により、各社員の有する年次有給休暇のうち５日を超える日数について、予め時季を指定して与えることがある。
6．年次有給休暇は次年度に限り繰り越すことができる。

第 17 条（特別休暇）
1．試用期間終了後の者の慶弔・公事のため、以下の特別休暇を与える。この休暇を取る場合は、予め所定の様式により総務部長に届けなければならない。
①社員が結婚するとき　5日
②父母（養父母、継父母を含む)、配偶者、子（養子を含む）が死亡したとき　3日
③同居の祖父母、同居の義父母、血族の兄弟姉妹が死亡したとき　2日
④妻が出産するとき　1日
⑤社員の子女が結婚するとき　1日
⑥女性社員が出産するとき　産前６週間産後８週間
⑦生理日の就業が困難なとき　その必要な期間
2．特別休暇における賃金の取扱いは、前項6、7号を無給とする。

第 18 条（母性健康管理のための休暇等）
1．妊娠中または出産後１年を経過しない女性社員から、所定労働時間内に母子保健法に基づく保健指導または健康診査を受けるために、通院休暇の請求があったときは、以下の範囲で休暇を与える。
①産前の場合
妊娠 23 週まで……4 週に 1 回
妊娠 24 週から 35 週まで……2 週に 1 回
妊娠 36 週から出産まで…… 1 週に 1 回
ただし、医師または助産婦（以下「医師等」という。）がこれと異なる指示をしたときには、その指示により必要な時間。
②産後（1 年以内）の場合
医師等の指示により必要な時間
2．妊娠中または出産後１年を経過しない女性社員から、保健指導または健康診査に基づき勤務時間等について医師等の指導を受けた旨申し出があった場合、

以下の措置を講ずることとする。

①妊娠中の通勤緩和

通勤時の混雑を避けるよう指導された場合は、原則として1時間の勤務時間の短縮または1時間以内の時差出勤

②妊娠中の休憩の特例

休憩時間について指導された場合は、適宜休憩時間の延長、休憩の回数の増加

③妊娠中、出産後の諸症状に対する措置

妊娠中または出産後の諸症状の発生または発生のおそれがあるとして指導された場合は、その指導事項を守ることができるようにするため作業の軽減、勤務時間の短縮、休業等

第19条（子の看護休暇）

1．小学校就学の始期に達するまでの子がいる労働者が申し出た場合、病気または怪我をした子の看護のために、就業規則第16条に規定する年次有給休暇とは別に看護休暇を取得することができる。ただし、日々雇い入れられる者は除く。

2．前項の定めに関わらず、労使協定により適用除外とされた以下の各号に該当する者についてはこの限りではない。

①勤続6ヶ月未満の労働者

②週の所定労働日数が2日以下の労働者

3．看護休暇の日数は労働者1人当たり、1年間で5日を限度とする。この場合の1年間とは4月1日から翌年の3月31日までの期間とする。

4．子の看護休暇中の賃金は無給とする。

5．看護休暇の取得を希望する者は、所定の申請用紙に必要事項を記載の上、総務部長に届け出なければならない。

第20条（育児時間）

生後1年に達しない生児を育てる女性社員が予め申し出た場合は、所定休憩時間のほか、1日について2回、それぞれ30分の育児時間を請求することができる。ただし、その時間に対する賃金は支給しない。

第21条（育児休業）

社員は、別途定める育児・介護休業規程により、その子が1歳に達するまでの間、育児休業を申し出ることができる。

第 22 条（介護休業）

１．社員は要介護状態にある家族を介護するために、介護休業を取得することができる。

２．介護休業の申し出手続き等に関する事項は別に定める育児・介護休業規程による。

第 23 条（公民権行使の時間）

社員が勤務時間中に選挙その他公民としての権利を行使するため、予め申し出た場合は、それに必要な時間を与える。ただし、その時間に対する賃金は支給しない。

第 24 条（欠勤および遅刻、早退）

１．欠勤および遅刻、早退するときは所定の様式により事前に総務部長に届けなければならない。ただし、やむを得ない事由により事前に届け出ることができないときは、電話等により連絡し、出勤した日に届け出なければならない。

２．病気欠勤 4 日以上に及ぶときは、医師の診断書等を提出させることがある。

第５章　服　務

第 25 条（出退社）

社員は出社および退社については以下の事項を守らなければならない。

①始業時刻以前に出社し、就業に適する服装を整える等、始業時間より直ちに職務に取りかかれるように準備しておくこと。

②出退社の際は本人自らタイムカードを打刻すること。ただし、業務の都合で現場へ直行、または直帰する場合で総務部長の許可を得たものについては、タイムカードの打刻をしなくてもよいこととする。

③作業に必要でない危険物を所持しないこと。

④退社時は備品、書類等を整理格納すること。

第 26 条（服務心得）

社員は服務にあたって、以下の事項を守らなければならない。

①社員は会社の方針および自己の責務をよく認識し、その業務に参与する誇りを自覚し、会社および上長の指揮と計画の下に、全員よく協力、親和し、秩

序よく業務の達成に努めなければならない。

②社員は業務組織に定めた分担と会社の諸規則に従い、上長の指揮の下に、誠実、正確かつ迅速にその職務にあたらなければならない。

③服装などの身だしなみについては、常に清潔に保つことを基本とし、他人に不快感や違和感を与えるようなものとしてはならない。

④常に健康を維持できるよう、体の自己管理に気を配らなければならない。

⑤社員が以下の行為をしようとするときは、予め上長の承認を得て行わなければならない。

1. 物品の購入をするとき（消耗品の購入は除く）。
2. 販売物件および手数料の値引をするとき。
3. 会社の重要書類またはこれに類する物品等を社外に持ち出すとき。

⑥社員は下記の行為をしてはならない。

1. 会社の命令および規則に違反し、また上長に反抗し、その業務上の指示および計画を無視すること。
2. 職務の怠慢および職場の風紀、秩序を乱すこと。
3. 取引先より金品の贈与を受けること、またそれを要求すること。

⑦社員は会社の業務の方針および制度、その他会社の機密を外部の人に話し、書類を見せ、また雑談中当該内容を察知されないよう、注意せねばならない。

⑧社員は会社の名誉を傷つけ、または会社に不利益を与えるような言動および行為は一切慎まなければならない。

⑨業務上の失敗、ミス、クレームは隠さず、ありのままに上司に報告しなければならない。

⑩社員は職務上の地位を利用し私的取引をなし、金品の借入または手数料、リベートその他金品の収受もしくはゴルフの接待など私的利益を得てはならない。

⑪社員は会社に許可なく他の会社に籍をおいたり、自ら事業を営んではならない。

⑫社員は以下に該当する事項が生じたときは、速やかに会社へ届け出なければならない。

1. 社員が自己の行為により、会社の施設、器物、資材、商品等を損傷し、もしくは他人に損害を与えたとき。
2. 会社の損失もしくはお客様に損害を及ぼし、またはそのおそれがあるのを知ったとき。
3. 会社または社員に災害の発生、またはそのおそれがあるのを知ったとき。

4. 会社の安全操業に支障をきたし、またはそのおそれがあるとき。

⑬社員は性的な言動により他の社員に苦痛を与えること、また他の社員に不利益を与えたり、就業環境を害してはならない。

⑭性的な言動により就業環境を害してはならない。

⑮インターネットにて業務に関係のないWEBサイトを閲覧してはならない。

⑯会社のメールにて私的な内容のメールのやりとりをしてはならない。

⑰業務中に私用の携帯電話を使用してはいけない。

⑱会社内で、明らかに一党一宗に偏した政治および宗教活動を行ってはいけない。

第27条（その他勤務にかかる注意事項）

1．遅刻・早退および私用外出、その他就業時間中職場を離れる場合は、予め総務部長に届け出てその許可を受けなければならない。

2．病気その他の理由で欠勤する場合は、前日までに所定の様式にて、その理由と予定の日数を記入して総務部長に届け出、その許可を得なければならない。

3．来訪者との私用面会は原則として、休憩時間中に定められた場所で行わなければならない。

4．無断および無届欠勤に対する年次有給休暇の振替は認めない。

第6章　教　育

第28条（教育）

会社は社員の技能知識教養を向上させるために必要に応じて教育を行い、または社外の教育に参加させることがある。

第7章　表彰および制裁

第29条（表彰）

社員が以下の各号の一に該当したときは、その都度審査のうえ表彰する。

①業務成績、優良で他の模範と認められるとき。

②業務に関して、有益な発明考案をしたとき。

③災害の防止または、非常の際、特に功労があったとき。

④前各号に準ずる程度の業務上の功績が認められるとき。

第30条（表彰の方法）

表彰は、以下の各号の１つまたは２つ以上を併せて行う。

①表彰状の授与

②賞金または賞品の授与

③昇給または昇格

第31条（制裁）

会社は社員の就業を保障し、業務遂行上の秩序を保持するため、就業規則の禁止・制限事項に抵触する社員に対して、制裁を行う。

第32条（制裁の種類、程度）

制裁の種類は次のとおりとする。

①訓戒――文書により将来を戒める。

②減給――1回の額が平均賃金の1日分の半額、総額が一賃金支払期における賃金総額の10分の1以内で減給する。

③降給――基本給を下げ、または諸手当を減額もしくは支給しない。

④出勤停止――7日以内の出勤停止を命じ、その期間の賃金は支払わない。

⑤諭旨退職――退職願を提出するよう勧告する。なお、勧告した日から３日以内にその提出がないときは懲戒解雇とする。

⑥懲戒解雇――予告期間を設けることなく、即時に解雇する。この場合、所轄労働基準監督署長の認定を受けたときは解雇予告手当を支給しない。

第33条（訓戒、減給および出勤停止）

以下の各号の一に該当する場合は、減給、降給または出勤停止にする。ただし、情状によっては訓戒にとどめることがある。

①正当な理由なく欠勤、遅刻を重ねたとき。

②過失により災害または、営業上の事故を発生させ、会社に損害を与えたとき。

③タイムカードの不正打刻をしたもしくは依頼した場合。

④第５章の服務心得等に違反した場合であって、その事案が軽微なとき。

⑤その他前各号に準ずる程度の不都合な行為を行ったとき。

第34条（懲戒解雇）

以下の各号の一に該当する場合は懲戒解雇に処する。ただし情状によっては、諭旨退職、減給または出勤停止にとどめることがある。

①無断もしくは正当な理由なく欠勤が連続 14 日以上に及んだとき。
②出勤常ならず、改善の見込みのないとき。
③刑事事件で有罪の判決を受けたとき。
④経歴をいつわり、採用されたとき。
⑤故意または重大な過失により、災害または営業上の事故を発生させ、会社に損害を与えたとき。
⑥会社の許可を受けず、在籍のまま他の事業の経営に参加したり、または労務に服し、若しくは事業を営むとき。
⑦職務上の地位を利用し、第三者から報酬を受け、若しくはもてなしを受ける等、自己の利益を図ったとき。
⑧会社の許可なく業務上金品等の贈与を受けたとき。
⑨前条で定める処分を再三にわたって受け、なお改善の見込みがないとき。
⑩第５章の服務心得に違反した場合であって、その事案が重大なとき。
⑪暴行、脅迫その他不法行為をして著しく社員としての体面を汚したとき。
⑫正当な理由なく、しばしば業務上の指示・命令に従わなかったとき。
⑬私生活上の非違行為や会社に対する誹謗中傷等によって会社の名誉信用を傷つけ、業務に悪影響を及ぼすような行為があったとき。
⑭会社の業務上重要な秘密を外部に漏洩して会社に損害を与え、または業務の正常な運営を阻害したとき。
⑮その他前各号に準ずる程度の不都合な行為のあったとき。

第 35 条（損害賠償）

社員が違反行為等により会社に損害を与えた場合、会社は損害を現状に回復させるか、または回復に必要な費用の全部もしくは一部を賠償させることがある。なお、当該損害賠償の責任は、退職後も免れることはできない。さらに、本人より賠償がなされないときは、身元保証人にその責任を追求することがある。

第８章　解雇、退職および休職

第 36 条（解雇）

１．社員は以下の事由により解雇されることがある。

①身体、精神の障害により、業務に耐えられないとき。
②勤務成績が不良で、就業に適さないと認められたとき。
③会社内において、会社の許可を受けず演説、文書の配布掲示、その他これに類する行為をしたとき。
④会社内において、明らかに一党一宗に偏した政治および宗教活動を行ったとき。
⑤事業の縮小等、やむを得ない業務の都合により必要のあるとき。
⑥事業の運営上、やむを得ない事情、または天災事変その他これに準ずるやむを得ない事情により、事業の継続が困難になったとき。
⑦有期雇用契約終了時までに社員として不適格であると認められたとき。
⑧その他、第5章の服務心得等にしばしば違反し、改悛の情がないとき。
2．解雇するときには、30日前に予告する。予告しないときは平均賃金の30日分を支給して即時解雇する（平均賃金の30日分とは、過去3ヶ月の総支給額をその期間の暦日数で除したものを1日分としてその30日分をいう）。なお、予告日数は平均賃金を支払った日数だけ短縮することができる。
3.第1項で定める事由により解雇される際に、当該社員より証明書の請求があった場合は、解雇の理由を記載した解雇理由証明書を交付する。

第37条（解雇制限）

社員が業務上の傷病により療養のために休業する期間およびその後30日間、ならびに女性社員が第14条の規定により出産のため休業する期間およびその30日間は解雇しない。

第38条（一般退職）

1．社員が以下の各号の一に該当する場合には、当該事由の発生した日をもって退職とする。
①死亡したとき。
②期間を定めて雇用した者の雇用期間が満了したとき。
③自己の都合により退職を申し出て会社の承認があったとき。
④休職期間満了までに休職理由が消滅しないとき。
2．社員が自己の都合により退職しようとするときは、少なくとも30日前までに総務部長に文書により退職の申し出をしなければならない。
3．退職する者は、退職日までに業務の引継その他指示されたことを終了し、貸与または保管されている金品を返納しなければならない。

第 39 条（定年退職）

１．社員の定年は満 60 歳とし、定年年齢に達した日の直後の賃金締切日をもって退職とする。

２．前項による定年到達者が引き続き勤務を希望した場合は、希望者については全て定年退職日の翌日から満 65 歳まで再雇用する。

３．65 歳以上の社員についても会社が必要と認める場合は、あらためて再々雇用することがある。

第 40 条（休職）

社員が以下の各号の一に該当するときには休職を命ずることがある。

①業務外の傷病による欠勤が連続１ケ月以上にわたったとき。

②家事の都合、その他やむを得ない事由により１ケ月以上欠勤したとき。

③公の職務につき、業務に支障があるとき。

④出向をしたとき。

⑤前各号のほか、特別の事情があって、会社が休職をさせることを必要と認めたとき。

第 41 条（休職期間）

１．休職期間は次のとおりとする。

①前条①の場合　勤続３年未満　３ヶ月

勤続３年以上　６ヶ月

ただし情状により期間を延長することがある。

②前条②③④⑤の場合　その必要な範囲で、会社の認める期間

２．休職期間中、賃金は支給しない。

３．休職中、一時出勤しても、１ケ月以内に同じ理由で欠勤するようになったときは期間の中断は行なわない。

４．休職期間満了後においても休職事由が消滅しないときは、満了の日をもって自然退職とする。

第 42 条（復職）

１．復職にあたっては会社が指定した医療機関で受診させ、その結果によって復職の是非を判断する。正当な理由なく、この受診を拒否する場合には、復職は認めない。

２．休職の事由が消滅したときは、原則として旧職務に復職させるが、業務の都

合もしくは当該従業員の職務提供状況に応じて異なる職務に配置することがある。この場合、労働条件の変更を伴うことがある。
３．復職しても１ケ月以内に同じ理由で４労働日欠勤もしくはそれに準ずる状態になった場合は再度休職を命じ、前回の休職期間と通算する。

第 43 条（配置転換および出向）
１．業務上必要がある場合には、社員に就業の場所若しくは、従事する職務の変更または出向を命ずることがある。
２．社員は、正当な理由なく、これを拒むことはできない。

第９章　賃　金

第 44 条（給与および賞与）
社員に対する給与および賞与に関する事項は、賃金規程に定める。

第 45 条（退職金）
社員に対する退職金に関する事項は、退職金規程に定める。

第 10 章　災害補償

第 46 条（災害補償）
１．社員が業務上、負傷しまたは疾病にかかったときは、労働基準法の規定に従って以下の補償をする。
①療養補償　必要な療養の費用
②障害補償　障害の程度で決定額
③休業補償　平均賃金の 60％
④遺族補償　平均賃金の 1000 日分
⑤葬祭料　平均賃金の 60 日分
２．補償を受けるべき者が同一の事由について労働者災害補償保険法によって前項の災害補償に相当する保険給付を受けるべき場合においては、その給付の限度において前項の規定を適用しない。
３．社員が業務外の傷病にかかった場合は、健康保険法により扶助を受けるものとする。

第11章　安全および衛生

第47条（心得）

社員は安全衛生に関する規定を守り、常に職場の整理整頓に努め、消防具、救急品の備付場所ならびにその使用方法を知得しておかなければならない。

第48条（火災の措置）

火災その他の災害を発見し、またはその危険を予知したときは、直ちにこれを係員または適当な者に報告してその指揮に従って行動しなければならない。

第49条（健康診断）

１．社員には、入社の際および毎年１回以上の健康診断を行う。
２．社員は、正当な理由なく、健康診断受診を拒否してはいけない。
３．健康診断の結果、特に必要のある場合は就業を一定の期間禁止し、または職場を配置替えすることがある。

付　則

この規則は平成　　年　　月　　日から施行する。

賃　金　規　程

第１章　　総　　則

第１条（適用範囲）

この規程は、株式会社××介護サービス　就業規則第 44 条に基づき、社員の賃金および賞与について定めたものである。ただし、パートタイマーについてはパートタイマー就業規則の定めるところによる。

第２条（賃金の構成）

賃金の構成は以下のとおりとする。

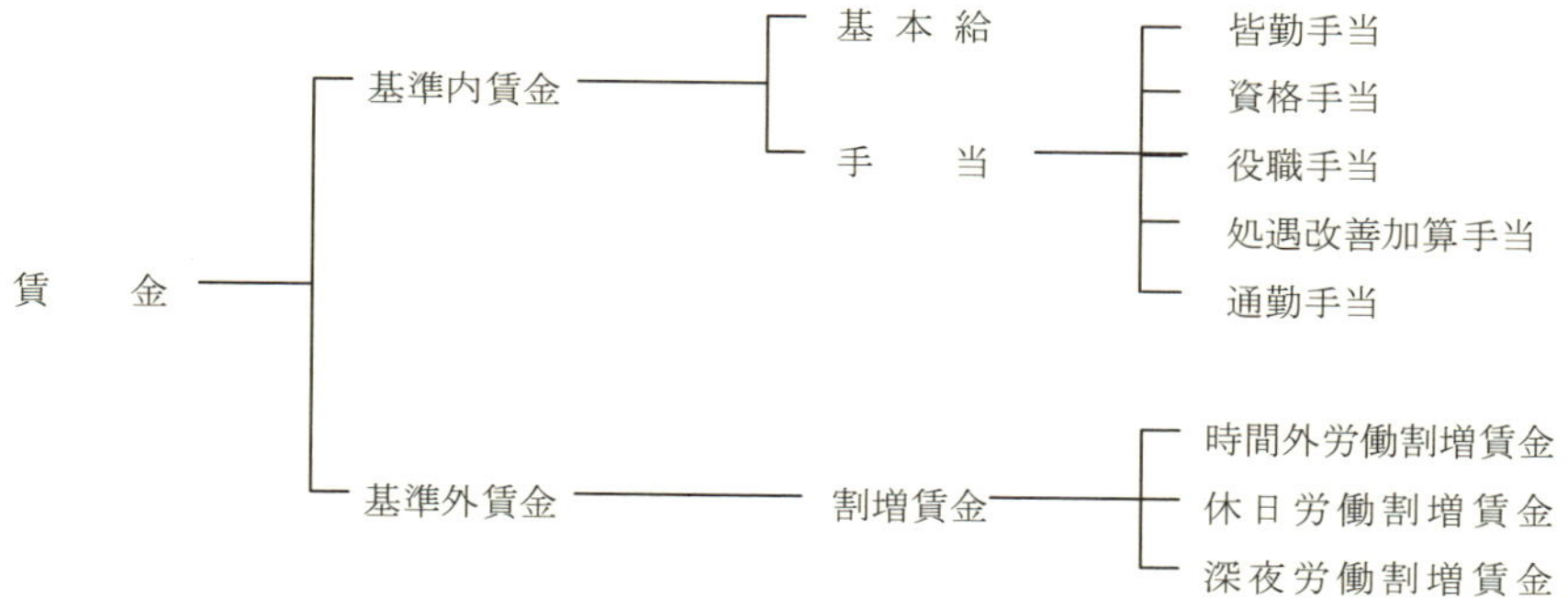

第３条（賃金計算期間および支払日）

1．賃金は、前月 1 日から起算し、当月末日を締め切りとした期間（以下、「賃金計算期間」という）について計算し、翌月 15 日に支払う。ただし、当該支払日が休日の場合はその前日に支払うものとする。

2．前項の規定にかかわらず、以下の各号の一に該当するときは社員（第 1 号については、その遺族）の請求により、賃金支払日の前であっても既往の労働に対する賃金を支払う。

①社員が死亡したとき

②社員が退職し、または解雇されたとき

③社員またはその収入によって生計を維持している者が結婚し、出産し、疾病にかかり、災害を被り、または社員の収入によって生計を維持している者が

死亡したため臨時に費用を必要とするとき

④社員またはその収入によって生計を維持している者が、やむを得ない事由によって１週間以上帰郷するとき

⑤前各号のほか、やむを得ない事情があると会社が認めたとき

第４条（賃金の支払方法）

１．賃金は通貨で直接社員にその全額を支払う。

２．前項の規定にかかわらず、社員の同意を得た場合は、本人が指定する金融機関の口座への振り込みにより賃金を支給する。また、以下の各号に掲げるものについては賃金を支払うときに控除する。

①源泉所得税

②住民税（市町村民税および都道府県民税）

③雇用保険料

④健康保険料（介護保険料を含む）

⑤厚生年金保険料

⑥その他必要と認められるもので社員代表と協定したもの

第５条（遅刻、早退または欠勤の賃金控除）

遅刻、早退または欠勤により、所定労働時間の全部または一部を休業した場合は、以下の計算式によりその休業した時間に応じる賃金は支給しない。ただし、この規程または就業規則に別段の定めのある場合はこの限りでない。

①賃金計算期間において、欠勤10日未満の場合以下の賃金を給与より控除して支給する。

$$\frac{\text{基本給＋資格手当＋役職手当＋処遇改善加算手当}}{\text{１ヶ月平均所定労働時間（１ヶ月平均所定労働日）}} \times \text{欠勤時間数（欠勤日数）}$$

②賃金計算期間において、欠勤10日以上の場合、以下の賃金を日割り支給する。

$$\frac{\text{基本給＋資格手当＋役職手当＋処遇改善加算手当}}{\text{１ヶ月平均所定労働時間（１ヶ月平均所定労働日）}} \times \text{出勤時間数（出勤日数）}$$

第６条（中途入社または中途退職の賃金計算）

賃金計算期間の中途に入社または退職した者に対する当該計算期間における賃金は、以下の計算式により日割り支給するものとする。

$$\frac{\text{基本給＋処遇改善加算手当}}{\text{１ヶ月平均所定労働日数}} \times \text{出勤日数}$$

第７条（休職期間中の賃金）

原則として、就業規則に規定する休職期間中は賃金を支給しない。ただし、会社が特に必要と認めた場合は基本給の２分の１を限度として支給することがある。

第８条（臨時休業中の賃金）

会社の都合により社員を臨時に休業させる場合には、休業１日につき平均賃金の 100 分の 60 に相当する休業手当を支給する。

第２章　　基準内賃金

第９条（基本給）

基本給は日給月給制とし、社員の学歴、能力、経験、技能および職務内容などを総合的に勘案して各人ごとに決定する。

第 10 条（給与改定）

１. 給与改定は基本給を対象に毎年４月に社員各人の勤務成績を査定して決定し、当月から支給する。ただし、会社の業績によっては、その時期を延期もしくは見送ることがある。

２．以下の各号の一に該当する者については給与改定を保留することがある。

①昇給算定期間中の欠勤日数 60 日を超える者

②就業規則第　条により制裁処分をうけた者

③著しく技能が低い者又は勤務成績ならびに素行不良の者

④勤続６ヶ月未満の者

３．会社は必要に応じ臨時の給与改定を行うことがある。

第 11 条（皆勤手当）

1．毎月１日から当月末日までの賃金計算期間において、欠勤がなかった者について支給する手当である。

2．月の中途から入社した者もしくは月の中途に退職した者については、支給されない。

3．就業規則第 16 条に規定する年次有給休暇及び第 17 条に規定する特別休暇のうち給与の支給される休暇については、第１項に規定する欠勤とはしない。

4．就業規則第６条に規定する有期雇用契約期間で契約している者については、この手当は支給されず、第７条に規定する正規雇用に転換した者については、正規雇用に転換した月から支給される。

5．皆勤手当の金額は、月額１万円とする。

第 12 条（資格手当）

次の資格を有する者については、下記の手当を支給する。

ケアマネージャー　30,000 円
社会福祉士　精神衛生福祉士　20,000 円
介護福祉士　10,000 円
社会福祉主事　5,000 円
ヘルパー１級　5,000 円
介護職員初任者研修　3,000 円
ヘルパー２級　3,000 円

第 13 条（役職手当）

1．役職手当は、下記の役職に就いた者に支給する手当である。

部長職……５万円
課長職……３万円
係長職……１万円

2．係長職以上の者については、介護職員としての知識と技術を有する者とし、以下のいずれかの者とする。

①社会福祉士、精神衛生福祉士、介護福祉士等、介護の知識を有すると認められる資格を有する者で当社に３年以上在籍する者

②①に準ずる技能と知識を有する者として認められる一定の者

第 14 条（処遇改善加算手当）

１．常勤介護職員については、毎月、基本給等に加算して、以下の基準に基づきそれぞれの金額を支給する。

勤続年数　３年未満・・・5，000 円
　　　　　３年以上５年未満の者・・・8，000 円
　　　　　５年以上１０年未満の者・・・10，000 円
　　　　　１０年以上の者・・・15,000 円

2. この手当は、介護職員の処遇を改善する目的で支給する手当で、基準内賃金として支給する。

第 15 条（通勤手当）

１．通勤手当は公共交通機関を利用して通勤する者について、実費相当額を支給するものである。

２．この通勤手当は月額の上限を 10,000 円とする。

第３章　　基準外賃金

第 16 条（割増賃金）

１．所定労働時間を超え、かつ、法定労働時間を超えて労働した場合には、時間外労働割増賃金を、法定の休日に労働した場合には休日労働割増賃金を、深夜（午後 10 時から午前５時までの間）に労働した場合には深夜労働割増賃金を、それぞれ以下の計算により支給する。

時間外労働割増賃金

$$\frac{\text{算定基準賃金}}{\text{月平均所定労働時間}} \times 1.25 \times \text{時間外労働時間数}$$

休日労働割増賃金

$$\frac{\text{算定基準賃金}}{\text{月平均所定労働時間}} \times 1.35 \times \text{休日労働時間数}$$

深夜労働割増賃金

$$\frac{\text{算定基準賃金}}{\text{月平均所定労働時間}} \times 0.25 \times \text{深夜労働時間数}$$

２．算定基準賃金とは基準内賃金から通勤手当を除いたものをいう。
３．所定労働時間を超え、かつ法定労働時間を超えて労働した時間、または休日に労働した時間が深夜に及ぶ場合は、時間外労働割増賃金または休日労働割増賃金と深夜労働割増賃金を合計した割増賃金を支給する。

第4章　賞　与

第17条（賞与）
１．賞与は原則として毎年６月および12月に社員各人の勤務成績を査定して決定し、支給する。ただし、会社の業績によっては、賞与の額を縮小し、または見送ることがある。
２．賞与の算定期間は以下のとおりとし、支給対象者は賞与の支給日に在籍している社員に限る。
３．賞与については、社員に限り支給するものとし、就業規則第６条に規定する有期雇用契約の社員については支給されない。

夏季賞与　12月１日から５月31日
冬季賞与　６月１日から11月30日

付　則

この規程は、平成　　年　　月　　日から施行する。

育児・介護休業規程

第１章　目　的

第１条（目的）

本規程は従業員の育児・介護休業、育児・介護のための時間外労働および深夜業の制限並びに育児・介護短時間勤務等に関する取り扱いについて定めたものである。

第２章　育児休業制度

第２条（育児休業の対象者）

１．育児のために休業する従業員であって、１歳に満たない子と同居し養育する者は、本規程に定めるところにより育児休業をすることができる。ただし、期間雇用者は申出時点において、以下のいずれにも該当する者に限り、育児休業をすることができる。

イ）入社１年以上の従業員

ロ）子が１歳に達する日（誕生日の前日）を超えて引き続き雇用されることが見込まれる者

ハ）子が１歳に達する日から１年を経過する日までに労働者契約期間が満了し、更新されないことが明らかでないこと

２．前項の定めに関わらず、日々雇用される者、期間を定めて雇用される者で、労使協定により適用除外とされた以下の各号に掲げる者についてはこの限りではない。

①入社１年未満の従業員

②配偶者（育児休業に係る子の親である者に限る）が以下のいずれかにも該当する従業員

イ）職業に就いていない者（育児休業により就業していない者を含む）であること

ロ）心身の状況が申出に係る子の養育をすることができる者であること

ハ）６週間（多胎妊娠の場合にあっては 14 週間）以内に出産予定でないか、または産後８週間以内でない者であること

ニ）申出に係る子と同居している者であること

③申出の日から１年以内（本規程第５条第１項に基づく育児休業の場合は６ヶ月以内）に雇用関係が終了することが明らかな従業員

④１週間の所定労働日数が２日以下の従業員

第３条（育児休業の申出の手続等）

１．育児休業をすることを希望する者は、原則として育児休業を開始しようとする日（以下「休業開始予定日」という）の１ヶ月前（本規程第５条第１項に基づく１歳を超える休業の場合は２週間前）までに、育児休業申出書を総務部長に提出することにより、申し出るものとする。なお、育児休業中の期間雇用者が労働契約を更新するに当たり、引き続き休業を希望する場合には、更新された労働契約期間の初日を育児休業開始予定日として、育児休業申出書により再度の申出を行うものとする。

２．申出は、特別の事情がない限り、一子につき１回限りとし、双子以上の場合もこれを一子とみなす。

３．会社は育児休業申出書を受け取るにあたり、必要最小限度の各種証明書の提出を求めることがある。

４．育児休業申出書が提出されたときは、会社は速やかに当該育児休業申出書を提出した者（以下「申出者」という）に対し、育児休業取扱通知書を交付する。

５．申出の日後に申出に係る子が出生したときは、申出者は出生後２週間以内に総務部長に育児休業対象者出生届を提出しなければならない。

第４条（育児休業の申出の撤回等）

１．申出者は休業開始予定日の前日までは育児休業撤回届を総務部長に提出することにより、育児休業の申出を撤回することができる。

２．育児休業の申出を撤回した者は、特別の事情がない限り同一の子については再度申出をすることができない。ただし、１歳までの育児休業の申出を撤回した者であっても、本規程第５条第１項に基づく育児休業の申出をすることができる。

３．休業開始予定日の前日までに子の死亡等により申出者が休業申出に係る子を養育しないこととなった場合には、育児休業の申出はなかったものとみなす。この場合において申出者は原則として当該事由が発生した日に、総務部長にその旨を通知しなければならない。

第５条（育児休業の期間等）

1．育児休業の期間は原則として、子が1歳に達するまでを限度として育児休業申出書に記載された期間とする。ただし、育児休業中の従業員または配偶者が育児休業中の従業員は、以下の各号の事情がある場合に限り、育児休業の対象となる子が1歳を超えても、子が1歳6ヶ月に達するまでの間で必要な日数について、育児休業をすることができる。なお、育児休業を開始しようとする日は、子の1歳の誕生日に限るものとする。

イ）保育所に入所を希望しているが、入所できない場合

ロ）子の養育を行っている配偶者が1歳以降、子を養育する予定であった者が死亡、負傷、疾病等により養育することが困難になった場合

2．育児休業を開始しようとする日の1ヶ月前までに申出がなされなかった場合には、前項の定めに関わらず、会社は育児・介護休業法の定めるところにより休業開始予定日の指定を行なうことができる。なお、指定することができる日は、申出者が休業を開始しようとする日以後、申出の日の翌日から起算して1ヶ月を経過する日までの間のいずれかの日とする。

3．従業員は、出産予定日より早く子が出生した場合および配偶者の死亡、病気等特別の事由がある場合には、育児休業期間変更申出書により総務部長に休業開始予定日の1週間前までに申し出ることによって、休業開始予定日の繰上げ変更を、また育児休業を終了しようとする日（以下「休業終了予定日」という）の1ヶ月前（1歳6ヶ月までの延長を申出て、それに基づく休業をしている場合は、2週間前）までに申し出ることにより、休業終了予定日の繰り下げ変更を行なうことができる。

4．以下の各号の一に該当する事由が生じた場合には、育児休業は終了するものとし、当該育児休業の終了日は当該各号に掲げる日とする。

①子の死亡等、育児休業に係る子を養育しないこととなった場合

当該事由が発生した日（この場合において本人が出勤する日は事由発生の日から2週間以内であって、会社と本人が話し合いの上、決定した日とする）

②育児休業に係る子が1歳に達した場合

子が1歳に達した日

③第5条第1項のイ）、ロ）の事情により1歳6ヶ月に達するまでの育児休業に係る子が1歳6ヶ月に達した場合

子が1歳6ヶ月に達した日

④申出者について産前産後休業、介護休業または新たな育児休業期間が始まった場合

産前産後休業、介護休業または新たな育児休業の開始日の前日

５．前項第１号の事由が生じた場合には、申出者は原則として当該事由が生じた日に総務部長にその旨を通知しなければならない。

第３章　介護休業制度

第６条（介護休業の対象者）

１．要介護状態にある家族を養育する従業員は、本規程の定めるところにより介護休業をすることができる。ただし、期間雇用者は、申出時点において、以下のいずれにも該当する者に限り、介護休業をすることができる。

イ）入社１年以上の従業員

ロ）介護休業開始予定日から起算して 93 日を経過する日（93 日経過日）を超えて雇用が継続することが見込まれる者

ハ）93 日経過日から１年を経過する日までに契約期間が満了し、更新されないことが申出時点において既に明らかでないこと

２．この要介護状態にある家族とは、負傷、疾病または身体上もしくは精神上の障害により、２週間以上の期間に亘り、常時介護を必要とする状態にある以下の者をいう。

①配偶者

②父母

③子

④配偶者の父母

⑤祖父母、兄弟姉妹または孫であって従業員が同居し、かつ扶養している者

⑥上記以外の家族で会社の認めた者

３．第１項の定めに関わらず、日々雇用される者、期間を定めて雇用される者で労使協定により適用除外とされた以下の各号に掲げる者についてはこの限りではない。

①入社１年未満の従業員

②介護休業申出の日から 93 日以内に雇用関係が終了することが明らかな従業員

③１週間の所定労働日数が２日以下の従業員

第７条（介護休業の申出の手続等）

1．介護休業をすることを希望する者は、原則として介護休業を開始しようとする日（以下「介護休業開始予定日」という）の2週間前までに、介護休業申出書を総務部長に提出することにより、申し出るものとする。なお、介護休業中の期間雇用者が労働契約を更新するに当たり、引き続き休業を希望する場合には、更新された労働契約期間の初日を介護休業開始予定日として、介護休業申出書により再度の申出を行うものとする。
2．申出は特別の事情がない限り、対象家族1人につき、1要介護状態に至るごとに1回とする。
3．会社は介護休業申出書を受け取るにあたり、必要最小限度の各種証明書の提出を求めることがある。
4．介護休業申出書が提出されたときは、会社は速やかに当該介護休業申出書を提出した者（以下「申出者」という）に対し、介護休業取扱通知書を交付する。

第8条（介護休業の申出の撤回等）
1．申出者は介護休業開始予定日の前日までは介護休業撤回届を総務部長に提出することにより、介護休業の申出を撤回することができる。
2．介護休業の申出を撤回した者について、同一対象家族の同一要介護状態に係る再度の申出は原則として1回とし、特段の事情がある場合について、会社がこれを適当と認めた場合には、1回を超えて申し出ることができるものとする。
3．介護休業開始予定日の前日までに申出に係る家族の死亡等により、申出者が家族を介護しないこととなった場合には、介護休業の申出はなかったものとみなす。この場合において申出者は原則として当該事由が発生した日に、総務部長にその旨を通知しなければならない。

第9条（介護休業の期間等）
1．介護休業の期間は、介護を必要とする者1人につき、原則として要介護状態に至るごとに1回、期間は通算して93日までの範囲（介護休業開始予定日から起算して通算で93日を経過する日までをいう。以下同じ。）内で、介護休業申出書に記載された期間とする。ただし、同一家族について第13条に規定する介護短時間勤務（勤務時間の短縮等の措置）の適用を受けた場合は、その日数も通算して93日を経過する日までを原則とする。
2．介護休業を開始しようとする日の2週間前までに申出がなされなかった場合には、前項の定めに関わらず、会社は育児・介護休業法の定めるところにより休業開始予定日の指定を行うことができる。なお指定することができる日は申出者が休業を開始しようとする日以後、申出の日の翌日から起算して2週間を経過する日までの間のいずれかの日とする。
3．従業員は介護休業期間変更申出書により、介護休業を終了しようとする日（以下「介護休業終了予定日」という）の2週間前までに総務部長に申し出ることにより、介護休業終了予定日の繰下げ変更を行うことができる。この場合において、介護休業開始予定日から変更後の介護休業終了予定日までの期間は通算93日（異なる要介護状態について介護休業をしたことがある場合又は介護短時間勤務の適用を受けた場合は93日からその日数を控除した日数）の範囲を超えないことを原則とする。
4．以下の各号の一に該当する事由が生じた場合には、介護休業は終了するものとし、当該介護休業の終了日は当該各号に掲げる日とする。
①家族の死亡等、介護休業に係る家族を介護しないこととなった場合
当該事由が発生した日（この場合において本人が出勤する日は、事由発生の日から2週間以内であって、会社と本人が話合いの上決定した日とする）
②申出者について産前産後休業、育児休業または新たな介護休業期間が始まった場合
産前産後休業、育児休業または新たな介護休業の開始日の前日
5．前項第1号の事由が生じた場合には、申出者は原則として当該事由が生じた日に総務部長にその旨を通知しなければならない。

第4章　時間外労働の制限

第10条（育児・介護のための時間外労働の制限）
1．小学校就学の始期に達するまでの子を養育する従業員が当該子を養育するため、または要介護状態にある家族を介護する従業員が当該家族を介護するために請求した場合には、就業規則の規定および時間外労働に関する協定に関わらず、事業の正常な運営に支障がある場合を除き、1ヶ月について24時間、1年について150時間を超えて時間外労働をさせることはない。
2．前項の定めに関わらず、以下の各号の一に該当する従業員は、育児のための時間外労働の制限を請求することはできない。また以下の第1号、第2号および第4号のいずれかに該当する従業員は、介護のための時間外労働の制限を請求することができない。
①日々雇用される者

②入社１年未満の従業員
③配偶者（請求に係る子の親である者に限る）が以下のいずれにも該当する従業員
イ）職業に就いていない者（育児休業その他の休業により就業していない者を含む）であること
ロ）心身の状況が申出に係る子の養育をすることができる者であること
ハ）６週間（多胎妊娠の場合にあっては 14 週間）以内に出産予定でないか、または産後８週間以内でない者であること
ニ）請求に係る子と同居している者であること
④１週間の所定労働日数が２日以下の従業員
３．請求しようとする者は、１回につき１ヶ月以上１年以内の期間（以下「制限期間」という）について、制限を開始しようとする日（以下「制限開始予定日」という）および制限を終了しようとする日を明らかにして、原則として制限開始予定日の１ヶ月前までに、育児・介護のための時間外労働制限請求書を総務部長に提出しなければならない。
４．会社は時間外労働制限請求書を受け取るにあたり、必要最小限度の各種証明書の提出を求めることがある。
５．請求の日後に請求に係る子が出生したときは、時間外労働制限請求書を提出した者（以下「請求者」という）は、出生後２週間以内に総務部長に時間外労働制限対象児出生届を提出しなければならない。
６．制限開始予定日の前日までに、請求に係る家族の死亡等により請求者が子を養育、または家族を介護しないこととなった場合には、請求はなされなかったものとみなす。
７．以下の各号の一に該当する事由が生じた場合には、制限期間は終了するものとし、当該制限期間の終了日は当該各号に掲げる日とする。
①家族の死亡等、制限に係る子を養育または家族を介護しないこととなった場合
当該事由が発生した日
②制限に係る子が小学校就学の始期に達した場合
子が６歳に達する日の属する年度の３月 31 日
③請求者について産前産後休業、育児休業または介護休業が始まった場合
産前産後休業、育児休業または介護休業の開始日の前日
８．前項第１号の事由が生じた場合には、請求者は原則として当該事由が生じた日に、総務部長にその旨を通知しなければならない。

第５章　深夜業の制限

第 11 条（育児・介護のための深夜業の制限）

１．小学校就学の始期に達するまでの子を養育する従業員が当該子を養育するため、または要介護状態にある家族を介護する従業員が当該家族を介護するために請求した場合には、就業規則の規定に関わらず、事業の正常な運営に支障がある場合を除き、午後 10 時から午前５時までの間（以下「深夜」という）に労働させることはない。

２．前項の定めに関わらず、以下の各号に定める従業員は深夜業の制限を請求することができない。

①日々雇用される者

②入社１年未満の従業員

③請求に係る家族の 16 歳以上の同居の家族が以下のいずれにも該当する従業員

イ）深夜において就業していない者（１ヶ月について深夜における就業が３日以下の者を含む）であること

ロ）心身の状況が申出に係る子の養育または家族の介護をすることができる者であること

ハ）６週間（多胎妊娠の場合にあっては 14 週間）以内に出産予定でないか、または産後８週間以内でない者であること

④１週間の所定労働日数が２日以下の従業員

⑤所定労働時間の全部が深夜にある従業員

３．請求しようとする者は、１回につき１ヶ月以上６ヶ月以内の期間（以下「制限期間」という）について、制限を開始しようとする日（以下「制限開始予定日」という）および制限を終了しようとする日を明らかにして、原則として制限開始予定日の１ヶ月前までに、育児・介護のための深夜業制限請求書を総務部長に提出しなければならない。

４．会社は深夜業制限請求書を受け取るにあたり、必要最小限度の各種証明書の提出を求めることがある。

５．請求の日後に請求に係る子が出生したときは、深夜業制限請求書を提出した者（以下「請求者」という）は、出生後２週間以内に総務部長に深夜業制限対象児出生届を提出しなければならない。

６．制限開始予定日の前日までに、請求に係る家族の死亡等により請求者が子を

養育または家族を介護しないこととなった場合には請求はされなかったものとみなす。
7．以下の各号の一に該当する事由が生じた場合には、制限期間は終了するものとし、当該制限期間の終了日は当該各号に掲げる日とする。
①家族の死亡等、制限に係る子を養育または家族を介護しないこととなった場合
　当該事由が発生した日
②制限に係る子が小学校就学の始期に達した場合
　子が6歳に達する日の属する年度の3月31日
③請求者について産前産後休業、育児休業または介護休業が始まった場合
　産前産後休業、育児休業または介護休業の開始日の前日
8．前項第1号の事由が生じた場合には、請求者は原則として当該事由が生じた日に総務部長にその旨を通知しなければならない。
9．制限期間中の給与については、別途定める賃金規程に基づき、時間給換算した額を基礎とした実労働時間分の基本給と諸手当を支給する。
10．深夜業の制限を受ける従業員に対して、会社は必要に応じて昼間勤務へ転換させることがある。

第6章　勤務時間の短縮等の措置

第12条（育児短時間勤務）

1．従業員で小学校就学の始期に達するまでの子と同居し、養育する者は申し出ることによって、就業規則に定める所定労働時間について、午前9時から午後4時まで（うち休憩時間は正午から午後1時までの1時間とする）の6時間とすることができる。また1歳に満たない子を養育する女性従業員は、更に30分ずつ2回の育児時間を請求することができる。
2．前項の定めに関わらず、日々雇用される者は育児短時間勤務をすることができない。
3．請求しようとする者は、1回につき1ヶ月以上1年以内の期間について、短縮を開始しようとする日および短縮を終了しようとする日を明らかにして、原則として短縮開始予定日の1ヶ月前までに総務部長まで請求しなければならない。その他適用のための手続きについては第3条から第5条までの規定（第3条第2項および第4条第2項を除く）を準用する。

４．本制度の適用を受ける間の給与については、別途定める賃金規程に基づき、時間給換算した額を基礎とした実労働時間分の基本給と諸手当を支給する。
５．賞与はその算定対象期間に本制度の適用を受ける場合においては、その期間に応じて減額を行なうものとする。
６．定期昇給および退職金の算定にあたっては、本制度の適用を受ける期間は通常の勤務をしているものとみなす。

第13条（介護短時間勤務）
１．要介護状態にある家族を介護する従業員は申し出ることによって、対象家族１人あたり通算93日間の範囲内を原則として、就業規則第○条に定める所定労働時間について、午前９時から午後４時まで（うち休憩時間は正午から午後１時までの１時間とする）の６時間とすることができる。ただし、同一家族について既に第９条に規定する介護休業をした場合、または異なる要介護状態について介護短時間労働者の適用を受けた場合は、その日数も通算して93日間までの期間を原則とする。
２．前項の定めに関わらず、日々雇用される者は介護短時間勤務をすることができない。
３．申出をしようとする者は、１回につき、93日（介護休業をした場合又は異なる要介護状態について介護短時間勤務の適用を受けた場合は、93日からその日数を控除した日数）以内の期間について、短縮を開始しようとする日及び短縮を終了しようとする日を明らかにして、原則として、短縮開始予定日の２週間前までに、介護短時間勤務申出書により総務部長に申し出なければならない。申出書が提出されたときは、会社は速やかに申出者に対し、介護短時間勤務取扱通知書を交付する。その他適用の為の手続き等については、第７条から第９条までの規定を準用する。
４．本制度の適用を受ける間の給与については、別途定める賃金規程に基づき、時間給換算した額を基礎とした実労働時間分の基本給と諸手当を支給する。
５．賞与はその算定対象期間に本制度の適用を受ける場合においては、その期間に応じて減額を行うものとする。
６．定期昇給および退職金の算定にあたっては、本制度の適用を受ける期間は通常の勤務をしているものとみなす。

第７章　その他の事項

第 14 条（給与等の取扱い）

１．育児・介護休業の期間については、基本給その他の月毎に支払われる給与は支給しない。

２．賞与については、その算定対象期間に育児・介護休業をした期間が含まれる場合には、出勤日数より日割りで計算した額を支給する。

３．定期昇給は育児・介護休業の期間中は行わないものとし、育児・介護休業期間中に定期昇給日が到来した者については、復帰後に昇給させるものとする。

第 15 条（育児・介護休業期間中の社会保険料の取扱い）

１．育児休業により給与が支払われない月における社会保険料については、育児休業等をした日の属する月から育児休業等が終了する日の翌日が属する月の前月まで免除される。ただし、育児休業期間前の産前６週間（多胎妊娠の場合は、14 週間）及び産後８週間の産前産後休暇中は免除されない。

２．介護休業により給与が支払われない月における社会保険料の被保険者負担分は、各月に会社が納付した額を翌月 10 日までに従業員に請求するものとし、従業員は会社が指定する日までに支払うものとする。

第 16 条（教育訓練）

１．会社は３ヶ月以上の育児休業または１ヶ月以上の介護休業をする従業員で、休業期間中、職場復帰プログラムの受講を希望する者に同プログラムを実施する。

２．会社は別に定める職場復帰プログラム基本計画に沿って、当該従業員が休業をしている間、同プログラムを行う。

３．同プログラムの実施に要する費用は会社が負担する。

第 17 条（復職後の勤務）

１．育児・介護休業後の勤務は原則として、休業直前の部署および職務とする。

２．前項の定めに関わらず、本人の希望がある場合および組織の変更等やむを得ない事情がある場合には、部署および職務の変更を行うことがある。この場合は育児休業終了予定日の１ヶ月前または介護休業終了予定日の２週間前までに正式に決定し通知する。

３．前項の事由が生じた場合、話し合いにより処遇を見直しすることがある。

第 18 条（年次有給休暇）
年次有給休暇の権利発生のための出勤率の算定にあたっては、育児・介護休業をした日は出勤したものとみなす。

付　　則

本規程は　　　年　　　月　　　日より施行する。

パートタイマー・臨時雇　就業規則

第１章　　総　　則

第１条（目的）

この規程は、株式会社××介護サービス（以下会社という）のパートタイマーの服務規律、労働条件を定めたものである。

第２条（パートタイマーの定義）

この規則でパートタイマーとは、所定の手続きを経て採用され、1 日または 1 ヶ月の労働時間が社員より短い者をいう。

第２章　　採　　用

第３条（採用）

1．パートタイマーは採用の際、以下の書類を提出しなければならない。
①履歴書
②その他、会社が指示したもの
2．会社はパートタイマーと雇用契約書を作成する。
3．提出された書類は、人事労務管理の目的でのみ使用する。

第４条（雇用契約）

1．会社はパートタイマーを採用する場合、3 年以内の期間を個別に定めて雇用契約を締結する。
2．さらに雇用契約を延長する必要がある場合は、個別に契約を更新する。

第３章　　就業時間、休憩時間、休日および休暇

第５条（就業時間および休憩時間）

1．パートタイマーの所定労働時間は、1 週 40 時間、1 日 8 時間の範囲内で個別に雇用契約書において定める。

２．休憩については以下の基準に基づき個別に雇用契約書で定める。

①実働６時間を超える場合　　　　　45 分

②実働８時間を超える場合　　　　　60 分

３．休憩時間は会社が認めた場所で自由に利用することができる。ただし、休憩時間中であっても他に迷惑をかけるようなことをしてはならない。

第６条（休日）

１．休日は原則以下のとおりとし、その他の場合は個別に雇用契約書で定める。

①日曜日

②その他会社が指定した日

２．業務上必要がある場合には、前項で定める休日を他の労働日と振替えることがある。

第７条（時間外、休日および深夜勤務）

１．業務の都合で時間外、深夜（午後 10 時から午前５時）および休日に勤務させることがある。ただし、労働基準法第 36 条に基づく協定の範囲内とする。

２．満 18 歳未満の者には時間外労働、休日労働および深夜労働はさせない。

第８条（年次有給休暇）

１．所定労働日の８割以上を出勤した者に対して、勤続年数および所定労働日数に応じ、以下の表に掲げる年次有給休暇を付与する。

①週所定労働日数が５日以上の者

勤続年数	6 月	1 年 6 月	2 年 6 月	3 年 6 月	4 年 6 月	5 年 6 月	6 年 6 月以上
年次有給休暇日数	10 日	11 日	12 日	14 日	16 日	18 日	20 日

②週所定労働日数が４日以下もしくは１年間の所定労働日数が 216 日以下の者

週所定労働日数	1年間の所定労働日数	勤続年数						
		6月	1年6月	2年6月	3年6月	4年6月	5年6月	6年6月以上
4日	169日から216日	7日	8日	9日	10日	12日	13日	15日
3日	121日から168日	5日	6日	6日	8日	9日	10日	11日
2日	73日から120日	3日	4日	4日	5日	6日	6日	7日
1日	48日から72日	1日	2日	2日	2日	3日	3日	3日

2．年次有給休暇を利用しようとする者は、所定の手続きにより原則として総務部長に1週間前までに申し出なければならない。
3．業務の都合上やむを得ない場合は、指定された日を他の時季に変更することがある。
4．年次有給休暇は次年度に限り繰り越すことができる。

第9条（特別休暇）

特別休暇は社員就業規則に準ずる。

第10条（子の看護休暇）

子の看護休暇は社員就業規則に準ずる。

第4章　服務心得

第10条（服務心得）

服務にあたっては、以下の各号の事項を守らなければならない。
①会社の定める諸規定を守り、社内の規律秩序を維持すること。
②上司の指示命令に従って誠実に職務を遂行すること。
③互いに力を合わせて職務を遂行すること。
④常に健康に留意し、明朗活発な態度で勤務すること。
⑤常に品位を保ち、会社の体面を汚すような言行を慎むこと。

⑥会社の施設と物品を大切に扱うこと。
⑦就業時間中は、所定の制服を着用すること。
⑧会社の機密事項を他に漏らさないこと。
⑨会社の構内において、許可なく集会、演説、掲示、印刷物の配布その他これに類する行為をしないこと。
⑩性的な言動により他の者に苦痛を与えること、また他の社員に不利益を与えたり、就業環境を害すことをしないこと。
⑪その他、社員就業規則服務心得に準ずる。

第 11 条（服装・身だしなみ）

服装・身だしなみは清潔さ、さわやかさ、働きやすさを基本とし、華美なものおよび異常極端にわたるものは避けなければならない。

第 12 条（離席・私用外出）

1．勤務時間中は、常に所在を明確にし、職場を離れるときは上司または同僚に行き先、用件、所用時間等を連絡しなければならない。
2．勤務時間中の私用外出は原則として認めない。やむを得ず私用外出するときは、行き先、用件、所用時間等の必要事項を申し出、上司の許可を得なければならない。

第 13 条（遅刻、早退、休暇、欠勤の手続き）

遅刻、早退、休暇、欠勤の場合は、事前に所定の様式により、上司を通じて会社に届け出なければならない。ただし、特別の事情がある場合には、事後の届出を認める。

第５章　　解雇および退職

第 14 条（解雇）

パートタイマーが、以下の各号の一に該当するときは解雇する。
①精神または身体に障害を生じ、もしくは虚弱、疾病のため業務に耐えられないとき。
②出勤常ならず改善の見込みのないとき。

③業務上の指示命令に従わないとき。
④会社の許可を得ないで、他の会社に雇用され、あるいは、自己営業を行い、会社が不都合と認めたとき。
⑤会社の経営上の理由にて継続雇用の必要を認めなくなったとき。
⑥その他各号に準ずる理由があったとき。

第 15 条（解雇予告、予告手当）
1．会社は前条による場合、30 日前に予告するか、または 30 日分の平均賃金 (解雇予約手当) を支払って解雇することができる。
2．予告の日数は、1 日について平均賃金を支払った場合はその日数を短縮する。

第 16 条（定年）
1．社員の定年は満 60 歳とし、定年年齢に達した日の直後の賃金締切日をもって退職とする。
2．前項による定年到達者が引き続き勤務を希望した場合は、希望者については全て定年退職日の翌日から満 65 歳まで再雇用する。
3．65 歳以上の社員についても会社が必要と認める場合は、あらためて再々雇用することがある。

第 17 条（退職）
パートタイマーが以下の各号の一に該当するときは、退職とする。
①死亡したとき。
②契約期間が満了したとき。
③退職申し出が承認されたとき。
④定年に達したとき。
⑤第 14 条の規定により解雇されたとき。

第 18 条（退職手続）
パートタイマーが自己の都合により退職しようとするときは、少なくとも 30 日前までに総務部長に文書により退職の申し出をしなければならない。

第 19 条（配置転換）
会社は、業務上の必要があるときは、職場もしくは職種を変更することがある。

第6章　賃　金

第 20 条（賃金構成）

１．賃金の構成は、基本給、時間外勤務手当、通勤手当とする。

２．基本給は時間給もしくは日給によって定める。なお、その金額は、本人の職務、能力および経験等を勘案して個別の雇用契約書において定める。

第 21 条（時間外勤務手当）

１日において実働８時間を超える１時間につき、時間給の 25％増の時間外勤務手当を支給する。

第 22 条（通勤手当）

通勤するために、交通機関を利用した場合には通勤手当として、実費を支給する。ただし、上限は５万円とする。

第 23 条（賃金の締切日および支払日）

賃金は当月１日から当月末日までの期間について計算し、翌月 15 日（その日が休日のときはその前日）に支払う。

第 24 条（賃金の控除）

賃金の支払に際して、給与所得税、社会保険料など、法令に定められた金額を控除する。

第 25 条（基準外賃金）

パートタイマーが、法定休日に就業した場合には休日出勤手当、深夜に就業した場合には深夜手当を支給する。

第7章　賞与および退職金

第 26 条（賞与）

パートタイマーに対しては、原則として賞与は支給しない。

第 27 条（退職金）

パートタイマーに対しては、原則として退職金は支給しない。

第 8 章　安全および衛生

第 28 条（安全衛生）

パートタイマーは就業にあたり、安全および衛生に関する諸規則および作業心得を守るとともに、安全保持、災害防止および衛生に関し、必要な事項を守らなければならない。

第 9 章　災害補償

第 29 条（災害補償）

パートタイマーが業務上負傷し、疾病にかかった場合は、労働基準法によるほか、労働者災害補償保険法の定めるところにより補償する。

第 10 章　社会保険の加入

第 30 条（社会保険の加入）

会社は、パートタイマーについて、労働保険、社会保険など、常態として法令に定められた基準に達したときは加入の手続をとる。

付　則

この規則は平成　　年　　月　　日から施行する。

退職金規定

第１条（目的）

１．従業員が退職したときは、この規程により退職金を支給する。
２．前項の退職金の支給は、会社が各従業員について勤労者退職金共済機構（以下「機構」という）との間に、退職金共済契約を締結することによって行うものとする。

第２条（退職金共済契約の締結）

１．新規に雇い入れた従業員について、雇い入れより３年を経過した日の属する月に、機構と退職金共済契約を締結する。
２．就業規則第６条に規定する有期雇用契約の者及びパートタイマーについては退職金は支給しない。

第３条（掛金月額）

１．退職金共済契約は、従業員毎にその勤続年数及び会社への貢献度等に応じ、別表に定める掛金月額によって締結する。
２．従業員ごとの等級については、社長及び上長の評価によって決定する。

第４条（退職金支給額）

退職金支給額は、掛金月額と掛金納付月数に応じ中小企業退職金共済法に定められた額とする。

第５条（退職金の減額）

従業員が懲戒解雇された場合には、機構に退職金の減額を申し出ることがある。

第６条（退職金の受給）

１．退職金は、従業員（従業員が死亡したときは遺族）に交付する退職金共済手帳により、機構から支給を受けるものとする。
２．従業員が退職または死亡したときは、やむを得ない理由がある場合を除き、本人または遺族が遅滞なく退職金を請求できるよう、速やかに退職金共済手帳を本人または遺族に交付する。

第７条（規程の改廃）

この規程は、関係諸法規の改正および社会事情の変化などにより必要がある場合には、従業員代表と協議の上、改廃することがある。

第８条（退職金規程の適用範囲）

退職金規程は平成　　　年　　月　　日以降在籍する従業員に適用される。

資格	月額掛金	資格	月額掛金	資格	月額掛金
1等級	5000円	2等級	6000円	3等級	8000円
4等級	10000円	5等級	20000円	6等級	30000円

附　　則

この規定は、平成　　年　　月　　日より適用される。

資料Ｊ（Ｐ 35 解説）

（一般労働者用；常用、有期雇用型）

労働条件通知書

年　月　日 ＿＿＿＿＿＿＿＿殿 事業場名称・所在地 使 用 者 職 氏 名	
契約期間	期間の定めなし、期間の定めあり（　年　月　日～　年　月　日） ※以下は、「契約期間」について「期間の定めあり」とした場合に記入 1　契約の更新の有無 ［自動的に更新する・更新する場合があり得る・契約の更新はしない・その他（　　）］ 2　契約の更新は次により判断する。 ・契約期間満了時の業務量　・勤務成績、態度　・能力 ・会社の経営状況　・従事している業務の進捗状況 ・その他（　　） 【有期雇用特別措置法による特例の対象者の場合】 無期転換申込権が発生しない期間：Ⅰ（高度専門）・Ⅱ（定年後の高齢者） Ⅰ　特定有期業務の開始から完了までの期間（　年　か月（上限 10 年）） Ⅱ　定年後引き続いて雇用されている期間
就業の場所	
従事すべき業務の内容	【有期雇用特別措置法による特例の対象者（高度専門）の場合】 ・特定有期業務（　　開始日：　　完了日：　　）
始業、終業の時刻、休憩時間、就業時転換((1)～(5)のうち該当するもの一つに○を付けること。)、所定時間外労働の有無に関する事項	1　始業・終業の時刻等 (1) 始業（　時　分）終業（　時　分） 【以下のような制度が労働者に適用される場合】 (2) 変形労働時間制等；（　）単位の変形労働時間制・交替制として、次の勤務時間の組み合わせによる。 ├ 始業（　時　分）終業（　時　分）（適用日　　） ├ 始業（　時　分）終業（　時　分）（適用日　　） └ 始業（　時　分）終業（　時　分）（適用日　　） (3) フレックスタイム制；始業及び終業の時刻は労働者の決定に委ねる。 （ただし、フレキシブルタイム（始業）　時　分から　時　分、 （終業）　時　分から　時　分、 コアタイム　時　分から　時　分） (4) 事業場外みなし労働時間制；始業（　時　分）終業（　時　分） (5) 裁量労働制；始業（　時　分）終業（　時　分）を基本とし、労働者の決定に委ねる。 ○詳細は、就業規則第　条～第　条、第　条～第　条、第　条～第　条 2　休憩時間（　）分 3　所定時間外労働の有無（　有　，　無　）
休　日	・定例日；毎週　曜日、国民の祝日、その他（　　） ・非定例日；週・月当たり　日、その他（　　） ・１年単位の変形労働時間制の場合－年間　日 ○詳細は、就業規則第　条～第　条、第　条～第　条
休　暇	1　年次有給休暇　６か月継続勤務した場合→　日 継続勤務６か月以内の年次有給休暇　（有・無） →　か月経過で　日 時間単位年休（有・無） 2　代替休暇（有・無） 3　その他の休暇　有給（　　） 無給（　　） ○詳細は、就業規則第　条～第　条、第　条～第　条

（次頁に続く）

賃　　金	1　基本賃金　イ　月給（　　　　円）、ロ　日給（　　　　円） ハ　時間給（　　　円）、 ニ　出来高給（基本単価　　　円、保障給　　　円） ホ　その他（　　　　円） ヘ　就業規則に規定されている賃金等級等 ［　　　　　　　　　　　　　　　］ 2　諸手当の額又は計算方法 イ（　手当　　　円　／計算方法：　　　　　　　　） ロ（　手当　　　円　／計算方法：　　　　　　　　） ハ（　手当　　　円　／計算方法：　　　　　　　　） ニ（　手当　　　円　／計算方法：　　　　　　　　） 3　所定時間外、休日又は深夜労働に対して支払われる割増賃金率 イ　所定時間外、法定超　月６０時間以内（　　）％ 月６０時間超　（　　）％ 所定超　（　　）％ ロ　休日　法定休日（　　）%、法定外休日（　　）％ ハ　深夜（　　）％ 4　賃金締切日（　　）－毎月　日、（　　）－毎月　日 5　賃金支払日（　　）－毎月　日、（　　）－毎月　日 6　賃金の支払方法（　　　　　　　） 7　労使協定に基づく賃金支払時の控除（無　，有（　　）） 8　昇給（時期等　　　　　　　　　　） 9　賞与（　有（時期、金額等　　　　　），　無　） 10　退職金（　有（時期、金額等　　　　　），　無　）
退職に関する事項	1　定年制　（　有　（　　歳），　無　） 2　継続雇用制度（　有（　　歳まで），　無　） 3　自己都合退職の手続（退職する　　日以上前に届け出ること） 4　解雇の事由及び手続 ［　　　　　　　　　　　　　　　］ ○詳細は、就業規則第　条～第　条、第　条～第　条
そ　の　他	・社会保険の加入状況（　厚生年金　健康保険　厚生年金基金　その他（　　　）） ・雇用保険の適用（　有　，　無　） ・その他［　　　　　　　　　　　　］ ※以下は、「契約期間」について「期間の定めあり」とした場合についての説明です。 労働契約法第18条の規定により、有期労働契約（平成25年4月1日以降に開始するもの）の契約期間が通算５年を超える場合には、労働契約の期間の末日までに労働者から申込みをすることにより、当該労働契約の期間の末日の翌日から期間の定めのない労働契約に転換されます。ただし、有期雇用特別措置法による特例の対象となる場合は、この「５年」という期間は、本通知書の「契約期間」欄に明示したとおりとなります。

※　以上のほかは、当社就業規則による。
※　労働条件通知書については、労使間の紛争の未然防止のため、保存しておくことをお勧めします。

資料K（P 36解説）

労働契約書

株式会社××介護サービス（以下、甲という）と○○○○（以下、乙という）は次のとおり、労働契約を締結する。

第１条　甲は乙を以下記載の労働条件で雇用する。乙は甲の指揮に従い誠実に勤務する。
　契約期間　平成○○年○○月○○日～平成○○年○○月○○日
　勤務場所
　業務内容

第２条　乙の勤務時間および休日は次のとおりとする。
　勤務時間　始業　午前○時○○分～終業　午後○時○○分
　（休憩時間　午後○時～午後○時）
　休日　毎週○曜日とする。
　休暇　1. 年次有給休暇　6カ月継続勤務した場合 → ○日
　継続勤務6カ月以内の年次有給休暇（有・無）
　2. その他の休暇
　時間外および休日勤務
　業務の都合上やむを得ない場合は、労働基準法第36条に定めるところに従い、時間外および休日勤務をさせることがある。

第３条　甲より乙に支払う賃金は次のとおりとする。
　本給　月額○○○○円
　時間外勤務手当　休日または時間外に勤務した場合は時間外勤務手当を支給する。
　支払方法　毎月○○日締め○○日払い（支払日が銀行休日に当たるときは前日）とし、全額通貨で支払う。

第４条　第１条の契約期間満了により本契約は終了するものとする。ただし、就業規則第7条の規定によって正規雇用に転換する場合、もしくは再度、有期雇用契約を締結する場合には、契約期間満了時に改めて雇用契約を締結するものとする。

第５条　本契約に定めなき事項については、甲の就業規則の定めるところによる。

本契約の成立を証するため本書２通を作成し、署名捺印のうえ甲乙各１通を保持する。

平成○○年○○月○○日

甲　（住所）
　（会社名）
　代表取締役　印
乙　（住所）
　（氏名）　印

様式第９号（第１７条関係）

時間外労働
休日労働　に関する協定届

事業の種類	事業の名称	事業の所在地(電話番号)
介護サービス業	**株式会社××介護サービス**	**東京都世田谷区×××　03(1234)5678**

	時間外労働をさせる必要のある具体的事由	業務の種類	労働者数「満18歳以上の者」	所定労働時間	延長することができる時間 1日	1日を超える一定の期間(起算日) 1か月(毎月1日)	1日を超える一定の期間(起算日) 1年(1月1日)	期間
① 下記②に該当しない労働者	**業務の繁忙**	**介護職員**	**2名**	**8時間**	**5時間**	**45時間**	**360時間**	**平成30年4月1日から1年間**
	業務の繁忙	**事務職員**	**1名**	**8時間**	**5時間**	**45時間**	**360時間**	**平成30年4月1日から1年間**
② 1年単位の変形労働時間制により労働する労働者								

休日労働をさせる必要のある具体的事由	業務の種類	労働者数「満18歳以上の者」	所定休日	労働させることができる休日並びに始業及び終業の時刻	期間
業務の繁忙	**介護職員**	**2名**	**週1日**	**法定休日については月2回を限度**	**平成30年4月1日から1年間**
業務の繁忙	**事務職員**	**1名**	**同上**	**始業　9:00　終業　18:00**	**平成30年4月1日から1年間**

協定の成立年月日　　年　　月　　日

協定の当事者である労働組合の名称又は労働者の過半数を代表する者の　職名　主任
氏名　□海×男

協定の当事者（労働者の過半数を代表する者の場合）の選出方法（　**挙手による選出**　）

年　　月　　日

使用者　職名　株式会社××介護サービス　代表取締役
氏名　○山▲夫　　印

渋谷労働基準監督署長殿

記載心得

1　「業務の種類」の欄には、時間外労働又は休日労働をさせる必要のある業務を具体的に記入し、労働基準法第３６条第１項ただし書の健康上特に有害な業務について協定をした場合には、当該業務を他の業務と区別して記入すること。

2　「延長することができる時間」の欄の記入に当たつては、次のとおりとすること。

(1)　「１日」の欄には、労働基準法第３２条から第３２条の５まで又は第４０条の規定により労働させることができる最長の労働時間を超えて延長することができる時間であつて、１日についての限度となる時間を記入すること。

(2)　「１日を超える一定の期間（起算日）」の欄には、労働基準法第３２条から第３２条の５まで又は第４０条の規定により労働させることができる最長の労働時間を超えて延長することができる時間であつて、同法第３６条の１項の協定で定められた１日を超え３箇月以内の期間及び１年についての延長することができる時間の限度に関して、その上覧に当該協定で定められたすべての期間を記入し、当該期間の起算日を括弧書きし、その下欄に、当該期間に応じ、それぞれ当該機関についての限度となる時間を記入すること。

3　②の欄は、労働基準法第３２条の４の規定による労働時間により労働する労働者（対象期間が３箇月を超える変形労働時間制により労働する者に限る。）について記入すること。

4　「労働させることができる休日並びに始業及び終業の時刻」の欄には、労働基準法第３５条の規定による休日であつて労働させることができる日並びに当該休日の労働の始業及び終業の時刻を記入すること。

5　「期間」の欄には、時間外労働又は休日労働をさせることができる日の属する期間を記入すること。

著者経歴

田邉康志（たなべ・やすし）

昭和 49 年 3 月 29 日、新潟県柏崎市生まれ。

明治大学政治経済学部政治学科卒業。

平成 10 年に社会保険労務士試験に合格し、平成 16 年に社会保険労務士登録（登録番号　13040480 号）平成 28 年に税理士試験に合格し、平成 29 年に税理士登録（登録番号 134701 号）都内の会計事務所に 15 年近く勤務し、整骨院などの治療院か介護事業所を中心に 200 社以上の経営に携わる。平成 26 年 7 月に、介護事業所・整骨院等の治療院に特化したヴァンガードマネージメントオフィスを設立。介護事業所や整骨院等を中心に経営における様々なアドバイスをしている。

介護事業所経営者《かいごじぎょうしょけいえいしゃ》の経営《けいえい》ハンドブック

2018 年 8 月 21 日　第 1 刷発行

著　者　田邉康志《たなべやすし》

編　集　伊藤輝

株式会社ライト

ヒナコパブリッシング事業部

〒 214-0037　神奈川県川崎市多摩区西生田 2-12-6

TEL（044）952-9188（代表）

FAX（044）440-3093

メールアドレス　n-chiken@raitoinc.co.jp

ホームページ　http://www.raitoinc.co.jp

発行者　落合英秋

発行所　株式会社日本地域社会研究所

〒 167-0043　東京都杉並区上荻 1-25-1

TEL（03）5397-1231（代表）

FAX（03）5397-1237

メールアドレス tps@n-chiken.com

ホームページ http://www.n-chiken.com

郵便振替口座 00150-1-41143

印刷所　モリモト印刷株式会社

ISBN978-4-89022-226-1